Für Gabi

Mitten im Leben

Bewegende Geschichten für die Gemeindepraxis
von Eckard Siggelkow

Vandenhoeck & Ruprecht

Eckard Siggelkow ist Theologe und Schriftsteller. Er war als Gemeinde-, Schul- und Jugendpfarrer sowie in der Diakonie tätig und hält regelmäßig Rundfunkandachten.

Bibliographische Information der Deutschen Nationalbibliothek

Die Deutsche Nationalbibliothek verzeichnet diese Publikation in der
Deutschen Nationalbibliografie; detaillierte bibliografische Daten sind im
Internet über http://dnb.d-nb.de abrufbar.

ISBN 978-3-525-63016-7

Umschlagabbildung: Anna Siggelkow

© 2010, Vandenhoeck & Ruprecht GmbH & Co. KG, Göttingen, Internet: www.v-r.de

Druck und Bindung: ⊕ Hubert & Co, Göttingen

Gedruckt auf alterungsbeständigem Papier.

Inhalt

Geschichten von A bis Z	
About Schmidt	13
Abwarten und Tee trinken	15
Alles finden	17
Arbeiterhände	19
Besser zu zweien als allein	21
BSE	23
Bungee springen	25
Das Böse	27
Das Land der Gerechten	29
Das Patientenverwaltungsprogramm	31
Den Tod vor Augen	33
Der Boxweltmeister	35
Der Brückenbauer	37
Der Dollarmillionär	39
Der Reviersteiger	41
Der Schuhmachermeister	43
Der Schuldnerberater	45
Der Suchtkrankenhelfer	47
Der Zweimetermann	49
Die Abiturientin	51
Die Bettlerin	53
Die Goldene Regel	55
Die Herbergsmutter	57
Die Kassiererin	59
Die Lehrerin	61
Einander beistehen	63
Einfach da sein	65
Erlösende Worte	67

Ganz normal 69

Geborgen sein 71

Geheime Welten 73

Glück im Unglück 75

Glücksmomente 77

Großvater und Enkel 79

Gutes erfahren 81

Herr Ribbeck auf Ribbeck im Havelland 83

In Versuchung führen 85

Ins Beten kommen 87

Jakob der Lügner 89

Julie Hausmann 91

Jung und Alt 93

Kindersoldaten 95

Kranke heilen 97

Lohn der Angst 99

Luise Hensels Abendlied 101

Lust aufs Alter 103

Luthers Bereitung zum Sterben 105

Luthers Gebetbüchlein 107

Luthers Klageschrift der Vögel 109

Margarete Steiff 111

Million Dollar Baby 113

Mit Angst 115

Mutter und Tochter 117

Mütterlicher Trost 119

Nach dem Sündenfall 121

Nur noch Leiden 123

Offene Wunden 125

Ohne Gold und Silber 127

Rekruten des „Heiligen Krieges" 129

Schützende Flügel 131

Sein Leben verlieren 133

Sich streiten 135

Silvester 137

Special Olympics 139

Sterbende begleiten 141

Stiller Protest 143

Sünden der Väter 145

Tanzen und springen 147

Tierische Qualen 149

Trauerarbeit 151

Trost für Anna 153

Tübkes Schmerzensmann 155

Two sides light 157

Ulis Genesung 159

Vater und Mutter ehren 161

Verlegenes Grinsen 163

Vor Angst erstarrt 165

Wem die Stunde schlägt 167

Wolke 9 169

You'll never walk alone 171

Zeit der Ernte 173

Zum Sterben bereit 175

Zumutungen Jesu 177

Stichworte von A bis Z 179

Bibelstellen 187

Quellen 189

Mitten im Leben – ein Motto der Diakonie, das deutlich machen soll, dass Menschen, die auf Unterstützung angewiesen sind, nicht am Rande stehen, sondern mittendrin. Seien es Arbeitslose, Menschen mit Behinderung, Alte, Pflegebedürftige oder Menschen mit Migrationshintergrund – sie gehen uns alle an und sie stehen mitten im Alltag. Von ihrem Alltag und Leben erzählen die Geschichten, die in diesem Band zusammengestellt sind.

Größtenteils gehen sie auf eigene Begegnungen und Gespräche zurück. Berücksichtigt wurden aber auch solche Texte, die durch die Begegnung mit Literatur, Film und Kunst entstanden sind. Obwohl es sich dabei durchweg um persönliche Erfahrungen Erlebnisse und Erinnerungen handelt, sind sie – um „Ich-Botschaften" zu vermeiden – in der dritten Person geschrieben worden, was ihre Verwendungen für Predigten und Andachten erleichtert.

Entsprechend wurden den einzelnen Beiträgen Bibeltexte, Liedverse, Gebete und Texte anderer Autoren zur Erläuterung und Kommentierung hinzugefügt. Um ein unnötiges Hin- und Herblättern zu vermeiden, wurden sie den jeweiligen Beiträgen vorangestellt, sodass sie auf einen Blick erfasst werden können.

Ich danke meinem Freund Dr. Hans-Heinrich Fiedler für wertvolle Hinweise und meinem Bruder F.W. Siggelkow für hilfreiche Anmerkungen.

Rosdorf, Oktober 2009 *Eckard Siggelkow*

Geschichten von A bis Z

That´s what the word god does –
it doesn´t point to a thing
but creates a situation.

Carl Michalson

Gott legt uns eine Last auf, aber er hilft uns auch. Wir haben einen Gott, der da hilft, und den Herrn, der vom Tode errettet.

Psalm 68,20

Ich lobe meinen Gott, der mir den neuen Weg weist, damit ich handle.
Ich lobe meinen Gott, der mir mein Schweigen bricht, damit ich rede.
Ehre sei Gott auf der Erde in allen Straßen und Häusern,
die Menschen werden singen, bis das Lied zum Himmel steigt.
Ehre sei Gott und den Menschen Frieden. Frieden auf Erden.

EG 585,2
Hans Jürgen Netz 1979

Wollen wir vermeiden, dass das Alter zu einer spöttischen Parodie unserer früheren Existenz wird, so gibt es nur eine einzige Lösung, nämlich weiterhin Ziele zu verfolgen, die unserem Leben einen Sinn verleihen: das hingebungsvolle Tätigsein für Einzelne, für Gruppen oder für eine Sache, Sozialarbeit, politische, geistige oder schöpferische Arbeit.

Simone de Beauvoir

Ich male in den Staub des Werktages
Ein neues Bild von mir.
Es trägt die Spuren von gestern.
Es trägt die Spuren des Frühlings
Und die Spuren von besserer Zeit.
Werde ich das Bild behalten?
Werde ich die Spuren des Frühlings fühlen?
Die Spuren von Liebe?

Ich male in den Staub des Werktags
Ein neues Bild von mir.
Hauche es an, Gott, damit es lebt.

Bernhard Lang

Regungslos sitzt er da, schaut stumm auf die Wanduhr. Sein Schreibtisch ist schon leergeräumt. Ihm bleiben nur noch wenige Augenblicke, dann ist sein berufliches Dasein zu Ende und er ist Rentner. Pünktlich um 17.00 Uhr steht er auf und geht zur Tür. Es ist Feierabend, diesmal ein für alle Mal. Ein allerletzter Blick zurück. Dann ist es so weit. Den Versicherungskaufmann Warren Schmidt gibt es nicht mehr.

Sein letzter Lebensabschnitt als Rentner beginnt – ohne Anforderungen, ohne Stress. Doch was soll er anfangen mit all der freien Zeit? Er fühlt sich abgeschoben. Außerhalb der Firma hat er keine Freunde. Seine Tochter lebt in weiter Entfernung. Als auch noch seine Frau stirbt, fühlt er sich vollends verlassen. Verbittert verwahrlost er in seinem viel zu großen Haus.

Szenen aus dem amerikanischen Film „About Schmidt". Er zeigt Probleme älterer Menschen, die niemand gern wahrhaben will. Wie Warren Schmidt fühlen sich viele Menschen auf dem Abstellgleis, wenn ihre berufliche Tätigkeit zu Ende geht. Sie wissen mit sich und dem Leben nichts Rechtes mehr anzufangen. Sie schauen nur zu, wie ihre Lebenszeit verrinnt.

Dabei kann es auch anders sein. Es kommt ganz darauf an, wovon man sich leiten lässt. Als Warren Schmidt dahinterkommt, dass seine Frau ihn vor Jahren mit seinem Nachbarn und ehemaligen Arbeitskollegen betrogen hat, erkennt er, dass er sein Leben neu in die Hand nehmen muss. Er übernimmt die Patenschaft für einen 6-jährigen afrikanischen Jungen. In den Briefen, die er ihm schreibt, schüttet er dem Jungen seine Seele aus. Er teilt ihm seine Sorgen und Nöte mit. Und er fasst neuen Lebensmut. In seinem Wohnmobil startet er zu einer Reise, die ihn quer durch die USA und die eigene Vergangenheit führt.

Es muss nicht unbedingt die Patenschaft für einen kleinen Jungen sein. Wichtig ist die Bereitschaft, sich einer sinnvollen Aufgabe zustellen. Durch die Verantwortung, die dadurch dem Leben auferlegt wird, gewinnt es Halt und Festigkeit.

Und er sprach: Das Reich Gottes ist so, wie wenn ein Mensch Samen aufs Land wirft und schläft und steht auf Nacht und Tag; und der Same geht auf und wächst, ohne dass er's weiß. Denn die Erde bringt von selbst Frucht, zuerst den Halm, danach die Ähre, danach den vollen Weizen in der Ähre. Wenn sie aber die Frucht gebracht hat, so schickt er alsbald die Sichel hin; denn die Ernte ist da.

Markus 4,26–29

Wir warten dein, o Gottes Sohn, und lieben dein Erscheinen.
Wir wissen dich auf deinem Thron und nennen uns die Deinen.
Wer an dich glaubt, erhebt sein Haupt
und siehet dir entgegen; du kommst uns ja zum Segen.

EG 152,1
Philipp Friedrich Hiller 1767

Ja zu Gott: ja zum Schicksal und ja zu dir selbst.
Wenn das Wirklichkeit wird, dann mag die Seele verwundet werden,
aber sie hat die Kraft zu genesen.

Dag Hammerskjöld

Nicht alle unsere Wünsche,
aber alle seine Verheißungen erfüllt Gott.

Dietrich Bonhoeffer

Die meisten Menschen erwarten zu viel im Leben,
mehr, als es unter normalen Umständen gewähren kann.
Sie verachten die kleinen Freuden
auf der Jagd nach den großen.
Die Kunst aber besteht darin,
diese kleinen Freuden überhaupt zu sehen,
zu finden und zu empfinden.

Bruno H. Bürgel

Abwarten und Tee trinken

Einfach alles hinschmeißen, am liebsten abhauen, noch einmal ganz von vorn anfangen. – Es sind nicht nur Abenteurer oder Phantasten, die sich mit solchen Gedanken tragen. Manchmal träumen ganz normale Menschen davon. Oft hat das Leben eine unheilvolle Entwicklung genommen. Probleme stauen sich auf. Berufliche Anforderungen nehmen überhand. Materielle Forderungen stehen ins Haus. Dann kann's einem schon mal durch den Kopf schießen: „Alles hinschmeißen, am liebsten abhauen."

Auch Ehe und Familie sind nicht frei davon. Man plagt und müht sich, versucht es der Familie recht zu machen und doch läuft alles schief. Man hat sich immer weniger zu sagen, wird sich fremd. Wenn dann der Partner geht, stellt sich das Gefühl ein, auf der Strecke geblieben zu sein. Aufgeben …

Dass manche Probleme einfach nicht zu lösen sind, ist nur schwer zu ertragen. Es muss doch hinzukriegen sein, ein erfülltes Leben zu führen. Scheitern darf es nicht geben. Auf Glück und Erfolg kommt es an.

Der Preis ist hoch, den wir für eine solche Einstellung zu zahlen haben. Viele Menschen leiden unter Schlafstörungen. Sie können nur noch mit Beruhigungsmitteln leben. Sie haben die Maßstäbe so hoch gesetzt, dass sie darüber ruhelos werden. Klappt es nicht, schmeißen sie alles hin. Gibt es keine andere Einstellung zum Leben?

Jesus erzählt von einem Landwirt, der seinen Acker bestellt. Er pflügt und sät, dann geht er nach Hause, schläft ruhig ein und geht am nächsten Tag einer anderen Arbeit nach; und der Same geht auf und wächst, ohne dass er's weiß. Die Erde bringt von selbst Frucht.

Ob die Saat in unserem Leben aufgeht, hängt nicht von uns allein ab. Es gibt Kräfte, die unabhängig von uns am Wirken sind. Darauf zu vertrauen, ist das Beste, was man tun kann. Gerade dann, wenn's einmal nicht so läuft, wie man es sich vorgestellt hat.

Auch bis in euer Alter bin ich derselbe; und ich will euch tragen bis ihr grau werdet.

Jesaja 46,4

Ja, ich will euch tragen
bis zum Alter hin.
Und ihr sollt einst sagen,
dass ich gnädig bin.

EG 380,1
Jochen Klepper1938

Bald werden wir alle sterben, und alles Andenken wird dann von der Erde geschwunden sein, und wir selbst werden für eine kleine Weile geliebt und dann vergessen werden. Doch die Liebe wird genug gewesen sein; alle diese Regungen von Liebe kehren zurück zu der einen, die sie entstehen ließ. Nicht einmal eines Erinnerns bedarf die Liebe. Da ist ein Land der Lebenden und ein Land der Toten, und die Brücke zwischen ihnen ist die Liebe - das einzige Bleibende, der einzige Sinn.

Thornton Wilder (1897–1975)

Der alte Mann lebte seit vielen Jahren in seinem kleinen Haus neben der mächtigen Kirche. Er war einer der wenigen Menschen, die noch die Kunst beherrschen, Binsen von Hand zu drehen und Stühle damit zu bespannen. Man hatte mich gewarnt, ihm einen meiner Armlehnstühle zum Bespannen zu bringen. Es würde Ewigkeiten dauern, bis er fertig würde. Aber da ich froh war, überhaupt jemanden gefunden zu haben, der diese Kunstfertigkeit beherrschte, ließ ich mich nicht abschrecken.

Als ich nach einiger Zeit bei ihm vorbeischaute, um nach meinem Stuhl zu fragen, wurde mir klar, warum er so lange mit dem Bespannen brauchte: In der Küche saß nahe beim Herd seine Frau in einem viel zu großen Armlehnstuhl. Er ließ sie noch viel schmächtiger erscheinen, als sie in Wirklichkeit war. Ihre Haut spannte sich wie dünnes Porzellan über ihre schmalen Glieder. Obwohl sie in warme Kissen und Decken eingepackt war, wirkte sie ziemlich verloren darin.

Sie war völlig auf die Hilfe ihres Mannes angewiesen. Er bereitete den Tee, kochte das Essen, brachte sie zu Bett, wusch und badete sie. Als er sie aus dem Stuhl hub, um sie zur Toilette zu bringen, schlang sie Hilfe suchend die Arme um seinen Hals ...

Als ich nach mehreren Wochen wieder einmal vorbeisah, um ihm ein weiterer Stuhl zu bringen, saß der alte Mann allein in seiner Küche. Alles sauber und gepflegt: wie eh und je. Nur der große Armlehnstuhl war leer. Seine Frau war im Alter von 74 Jahren gestorben. Als wir davon sprachen, traten ihm ein paar Tränen in die Augen. Nach einer kurzen Pause sagte er: „Es war eine gute Ehe. In dir habe ich alles gefunden, was ich mir vom Leben versprochen habe, hat sie mir gesagt. 46 Jahre waren wir zusammen. Ich habe ihr immer in die Augen schauen können."

Und der Herr, unser Gott, sei uns freundlich und fördere das Werk unserer Hände bei uns. Ja, das Werk unserer Hände wollest du fördern.

Psalm 90,17

Mit Sanftmut will ich dich berühren,
dich stärken aus der großen Kraft;
Wir werden Gottes Güte spüren,
die Leben und Vergeben schafft.

Eckart Brücken

Bei der Versicherungsgesellschaft
Habe ich mich besonders für die
Versicherung von Händen interessiert.
Was ist der Wert – von Künstlerhänden?
Von Ärzten- und Pflegerinnenhänden?
Von Athletenhänden?
Von Schriftstellerhänden?
Was ist der Wert –
Ja, das möchte ich wissen –
Von Händen, die Almosen heischen,
und von solchen, die sie geben,
von Händen, die beten,
von Händen, die dich, Herr,
emporheben?

Dom Helder Camara

Sanftmut bezeichnet ... nicht nur eine Weise des Verhaltens, sondern mehr noch eine Beschaffenheit der Gesinnung. ... Die Sanftmut des Verhaltens verbindet sich sodann mit der Behutsamkeit im Umgang. Diese Behutsamkeit ist eine Art von Vorsicht, die keinen Schaden an den andern Menschen ... herankommen lassen will.

Otto Friedrich Bollnow

Arbeiterhände

Er ist dick geworden, seit er in Rente ist. Das Häuschen mit dem Garten, der ihn in Bewegung gehalten hatte, musste er aufgeben, als seine Frau krank wurde. Aber man sieht ihm immer noch an, dass er Zeit seines Lebens körperlich gearbeitet hat.

„Ich habe immer malocht", sagt er. „Erst in der Gießerei, dann in der Weberei. Nebenbei das Haus gebaut, zuletzt im Garten." Als er glaubte, es geschafft zu haben und sich zur Ruhe setzen wollte, ging es mit seiner Frau nicht mehr.

„Angstzustände, Platzangst", erzählt er dem Pfarrer, der auf einen Sprung vorbeigekommen ist. „Menschen versetzen sie in Panik. Beim Einkaufen im Supermarkt ist sie mehrfach einfach weggelaufen. Hat alles stehen und liegen lassen. Ich musste dann hinterher, sie einfangen. Zuletzt hat sie sich gar nichts mehr zugetraut. Lag nur noch im Bett. Absolute Ruhe, kein Radio, kein Fernsehen. Nichts…Wissen Sie", sagt er und schaut zu seiner Frau hinüber: „Die Ärzte sagen, da kann man nichts machen. Das sitzt im Kopf. Nur ruhigstellen kann man sie."

Seither pflegt er sie, macht den Haushalt, kocht das Essen, passt auf, dass sie ihre Medizin einnimmt. Sie liegt auf dem Sofa und nickt: „Ohne ihn wär' ich nicht mehr. Dass ich noch lebe, habe ich ihm zu verdanken. Er hat ein weiches Herz. Er ist ein guter Mensch." Wie sie das sagt, wischt er sich ein paar Tränen aus den Augen: „Anderen geht es schlechter als uns", sagt er nur und sieht verschämt zum Fenster hinaus.

Dass der Gemeindepfarrer die beiden besucht hat, ist schon eine ganze Weile her. Aber Menschen wie sie behält er in Erinnerung. Er sieht die Frau noch vor sich, wie sie daniederliegt: schwach und hinfällig … Und er sieht die kräftigen Arbeiterhände des Mannes, die immer noch kräftig zupacken können und doch ganz sanft den Kopf seiner Frau anheben, um ihr etwas zu trinken zu geben. Wollte Gott, es gäbe mehr von ihnen.

MITTEN IM LEBEN

So ist's ja besser zu zweien als allein; denn sie haben guten Lohn für ihre Mühe. Fällt einer von ihnen, so hilft ihm sein Gesell auf.

Prediger 4,9–10

Einer bleibt beim anderen stehen, hat sein Kreuz nicht übersehen,
einer wird sich nicht versagen, mitzugehen, mitzutragen.
Einer bin ich, einer bist du, einer sind wir im Nu.

Wilhelm Willms

Anfangs wollt ich fast verzagen,
und ich glaubt´, ich trüg es nie;
und ich habe es doch getragen,
aber frag mich nur nicht wie.

Heinrich Heine

Wer sein Schicksal für besiegelt hält,
ist außerstande, es zu besiegen.

Viktor Frankl

Ohne auf die Vorfahrt zu achten, bog der Lastwagen auf die Landstraße. Die Fahrerin des entgegenkommenden PKWs hatte keine Chance. Mit voller Wucht prallte ihr Wagen auf den Kiestransporter. Der Pkw stand sofort in Flammen. Sie erfassten dann auch die Fahrerin, die bewusstlos auf dem Lenkgrad hing. Unerschrockene Helfer ließen sich von den Flammen nicht abschrecken. Mit vereinten Kräften gelang es ihnen, die junge Frau aus dem Wagen zu ziehen.

Ein Unfallwagen brachte sie ins Krankenhaus. Ihr Gesicht und die Hände waren furchtbar verbrannt. In einer mehrstündigen Operation versuchte man zu retten, was zu retten war. Ihre Augen waren nicht darunter. Als man nach Tagen den Verband vom ihrem Gesicht nahm, blieb es um sie herum finster. Die Ärzte teilten ihr mit, dass sie nie wieder würde sehen können. Andere Operationen schlossen sich an. Als ihr Gesicht wieder einigermaßen hergestellt war, wurde sie entlassen.

Wenig später verließ sie ihr Freund. Sie verlor allen Mut. Ihre Eltern halfen ihr, nicht aufzugeben. Es folgten Wochen harten Trainings. Sie fand zurück ins Leben. Mit Hilfe einer Assistentin nahm sie ihren Beruf als Lehrerin wieder auf. Beim Blättern in einer Blindenzeitschrift entdeckte sie zufällig eine Kontaktanzeige von einem Mann, der bei einem Betriebsunfall schwere Verbrennungen erlitten hatte. Die Explosion hatte sein Gesicht und seine Atmungsorgane verletzt. Seine Frau hatte ihn verlassen. Sie konnte seinen Anblick nicht ertragen.

Die junge Frau nahm Kontakt zu ihm auf. Bald darauf sah man sie zusammen auf einem Tandem durch die Landschaft radeln. Weil ihm das Atmen immer schwerer fiel, ließ er sich an seiner Luftröhre operieren. Als er wieder aufwachte, konnte er seine Beine nicht mehr bewegen. Seither schiebt sie ihn im Rollstuhl durch die Straßen. Regelmäßig verbringen sie einige Wochen auf Teneriffa. Er kann das Klima dort besser vertragen. Sie haben dem Schicksal widerstanden. Einer steht für den anderen ein.

Und Gott der Herr nahm den Menschen und setzte ihn in den Garten Eden, dass er ihn bebaute und bewahrte.

1 Mose 2,15

Wir wollen gut verwalten, was Gott uns anvertraut,
verantwortlich gestalten, was unsere Zukunft baut.
Herr, lass uns nur nicht fallen, in Blindheit und Gericht.
Erhalte uns und allen des Lebens Gleichgewicht.

EG 641,4
Detlev Block 1978

Wir müssen die Haltung von primitiver Grausamkeit Tieren gegenüber bekämpfen. Die Religionen und Philosophien haben sich mit der Frage unserer Haltung gegenüber unseresgleichen befasst, aber sie haben die Tiere vernachlässigt, die aber wie wir leiden.

Albert Schweitzer (1875–1965)

Das Tier ist mehr als nur ein Objekt zur Verwertung seines Fleisches, sein Wert geht über die bloße Nützlichkeit seiner Leistung hinaus. ... Dem Tier eignet durch das von Gott gegebene Leben ein Eigenwert vor Gott, den der Mensch zu respektieren hat ..."

Rat der EKD und
Deutsche Bischofskonferenz

Es genügt im Blick auf die Nutzung von Tieren nicht, Tierquälerei zu unterlassen; sie als Mitgeschöpfe zu achten heißt, sich an ihrem Wohlbefinden zu freuen und es zu fördern. Schon die bloße Wahrscheinlichkeit haltungsbedingter Schmerzen oder Leiden macht schonendere Haltungsformen zur Pflicht. Daraus ergeben sich auch die Forderungen, die übliche Amputationspraxis weiter zu beschränken und das betäubungslose Kastrieren zu verbieten.

Rat der EKD

BSE

Fassungslos schaute der Bauer den Viehtransportern hinterher. Eben hatte man die letzten Tiere aus dem Stall geholt. Auch das Kalb, das tags zuvor geboren worden war. Man wird es wie die anderen Tiere töten und als Abfall beseitigen. Die ganze Herde. Das ist unabänderlich. Erkrankt ein Tier an BSE oder anderen gefährlichen Seuchen, dann müssen alle anderen mit ihm sterben. Für ihn starb ein ganzes Lebenswerk – wie für viele andere Bauern in seiner Nachbarschaft, deren Tiere man ebenfalls aus dem Ställen geholt hat.

Der Preis ist hoch, der für die Willkür und den Frevel gegenüber wehrlosen Tieren zu zahlen ist: Für nicht artgerechte Haltungen in viel zu engen Ställen, die sich als Brutstätten von Krankheiten und Seuchen erwiesen haben, für Futter, das mit hochgiftigem Dioxin belastet ist, für Tiermehl von kranken und verwesten Rindern, Schweinen und Schafen, mit dem Pflanzenfresser gezwungen werden, ihre eigenen Artgenossen zu fressen.

Wenn vergammeltes Fleisch als frische Ware umdeklariert und kaltschnäuzig angeboten wird, darf man sich nicht wundern, dass der Fleischmarkt immer wieder mal zusammenbricht und die Angst vor verdorbenen Lebensmitteln wächst. Die Jagd nach schnellem, leicht verdientem Geld vergiftet nicht nur die Nahrungskette, sondern auch das Vertrauen der Verbraucher in eine gesunde Nahrungsmittelproduktion. Da mag sich die Werbung noch so sehr um Unbedenklichkeit bemühen – das Vertrauen ist weg.

Es gibt auch Bauern, die aus solchen Vorfällen ihre Lehre gezogen haben. Der Verband, den sie gegründet haben, garantiert, dass nur Ware von Tieren, die artgerecht gehalten und gefüttert werden, auf dem Markt kommt. Ihre Kunden wissen es zu schätzen. Sie stehen auf den Wochenmärkten Schlange, auch wenn sie mehr als beim benachbarten Stand zu zahlen haben.

Tiere sind beseelte Wesen. Sie atmen den gleichen Lebensodem wie Menschen. Wer sie als bloße Handelsware behandelt, ist gottlos, dem mangelt es an Ehrfurcht vor dem Leben.

Dennoch bleibe ich stets an dir; denn du hältst mich bei meiner rechten Hand, du leitest mich nach deinem Rat und nimmst mich am Ende mit Ehren an.

Psalm 73,23

Was dir auch immer begegnet,
mitten im Abgrund der Welt:
Es ist die Hand, die dich segnet,
es ist der Arm, der dich hält.

Rudolf Alexander Schröder

Karma – Spiritueller Konstruktivismus

Andreas Tenzer

Trotz seines hohen Berufsrisikos plagt sich Formel-1-Rennfahrer Michael Schumacher nicht ständig mit düsteren Gedanken an den Tod. „Mein Lebensweg ist vorgeschrieben. Wenn der enden soll, dann endet er, wo auch immer", erklärte der 31-jährige Ferrari-Pilot in einem Interview der „Frankfurter Allgemeinen Zeitung". „Wenn es dann trotzdem passiert, dann passiert es. Davor kann man sich nicht schützen. Das ist mein Standpunkt", so der zweimalige Weltmeister. So viele Menschen müssten ohne Grund sterben. „Dann fragt man sich, warum das so ist. Es muss vorbestimmt sein."

Spiegel online
am 8.3.2003 zum Start der Formel-1-Saison

Bungee springen

Das junge Mädchen stand hoch oben auf einer schmalen Platt-
form – an ihren Füßen ein dickes Seil. Gespannt schauten die
Menschen hinauf. Würde sie den Absprung in die Tiefe wagen?
Zögernd trat sie an den Rand. Plötzlich sprang sie los. Kopfüber
sauste sie dem Asphalt entgegen. Das Seil flog hinter ihr her.
Wenige Meter über der Erde spannte es sich, federte durch und
schnellte den Körper des Mädchens wieder empor. Dann sauste
er wieder nach unten, federte langsam aus. Helfende Hände
streckten sich ihr entgegen, lösten das Seil, stellten sie auf die
Füße. Befreit lachte sie auf.

Obwohl die Menschen ringsum auf dem Parkplatz des Kauf-
hauses wussten, wie der Sprung enden würde, ging ein Raunen
durch die Menge. „Keine zehn Pferde bringen mich da rauf",
hörte ich einen jungen Mann neben mir sagen. Dabei hätte es
ihn durchaus gereizt, wie er zugab, als ich ihn danach fragte.

Das Leben fordert oft genug, den Absprung zu wagen: von der
Schule in den Beruf, aus der Kindheit in die Jugend, aus dem El-
ternhaus in die eigenen vier Wände und in die Selbstständigkeit.
Jedes Mal lassen wir festen Boden und sicheren Halt hinter uns.

Mag sein, dass derlei Absprünge nicht annähernd so viel
Stresshormone freisetzen wie ein Sprung mit dem Bungeeseil.
Entwicklungssprünge im Verlauf des Lebens erfolgen nicht im
freien Fall. Wir sind auf die meisten gut vorbereitet durch Erziehung und Ausbildung. Wir haben gelernt, mit Überraschungen
umzugehen und mit Schwierigkeiten fertig zu werden. Trotzdem: Jeder Absprung bleibt ein Wagnis. Finden wir immer den
richtigen Halt? Tragen die Kräfte, denen wir uns anvertrauen?

„Vertrauen wagen dürfen wir getrost", heißt es in einem mo-
dernen Kirchenlied. Was nichts anderes sagen will als: Das Leben
ist kein Sprung ins Bodenlose. Da gibt es bewahrende Mächte
und zuverlässige Kräfte, nicht nur unsichere Verbindungen und
brüchige Beziehungen. Jeder von uns hat das in seinem Leben erfahren: Wenn Glaube uns trägt, Hoffnung uns erfüllt und Liebe
uns umgibt.

Denn das Gute, das ich will, das tue ich nicht; sondern das Böse, das ich nicht will, das tue ich.

Römer 7,19

Bewahre uns, Gott, / behüte uns, Gott, / sei mit uns vor allem Bösen.
Sei Hilfe, sei Kraft, / die Frieden schafft, / sei in uns, uns zu erlösen.

EG 171,3
Eugen Eckert

Dass in dieser Tat das Böse am Werk war, ist unübersehbar. Dieses Böse entzieht sich jeder Erklärung; denn erklären hieße ja immer: Gründe anzugeben. Aber für das Böse gibt es keinen Grund; es ist vielmehr ein Abgrund; wer sich ihm anvertraut, stürzt ins Bodenlose.

Wolfgang Huber

Man darf nicht übersehen: Amokläufe, vor allem die school-shootings, sind oft als Medienereignisse geplant und werden als solche vollzogen. … Soziales Überleben hängt heute mit Sichtbarkeit und diese mit Aufmerksamkeitsökonomien zusammen. Wer nicht gesehen wird, existiert nicht. Der Bedarf geht nicht auf weniger, sondern auf mehr Selbstdarstellung und Öffentlichkeit.

Joseph Vogel

Wir müssen aber auch aufeinander achten: Es darf uns nicht gleichgültig sein, wenn unsere Freunde, unsere Schulkameraden, unsere Kinder, unsere Kollegen nicht mehr mitkommen, wenn sie Wege gehen, die ins Abseits führen, wenn sie aus der Wirklichkeit in die Scheinwelten von Drogen oder elektronischen Spielen flüchten.

Johannes Rau

Man weiß nicht, warum der 17-Jährige am Morgen des 11. März 2009 mit einer Pistole und 222 Kugeln Munition die Albertville-Realschule in Winnenden betrat und in den darauffolgenden Stunden 15 Menschen erschoss – darunter neun seiner ehemaligen Mitschüler – 15 weitere Menschen verletzte und am Ende sich selbst erschoss.

War es Rache für erlittene Kränkungen? Dafür gibt es kaum Anhaltspunkte. Die Lehrer der Schule erklärten einmütig, der Täter sei eher ein unauffälliger Schüler gewesen. Er sei nicht gemobbt, sondern wie andere Schüler lediglich hin und wieder gehänselt worden.

Man hat vermutet, der 17-Jährige sei psychisch krank gewesen, da er mehrere Male eine psychiatrische Klinik aufgesucht hat. Der Chefarzt erinnert sich zwar an fünf ambulante Sitzungen, aber woran er eigentlich gelitten hat, kann er nicht sagen.

Bekannt ist, dass der Täter Schusswaffen liebte und häufig Softgun spielte. Als leidenschaftlicher Ego-Shooter verbrachte er Stunden am Computer. Der Aussage einer Psychotherapeutin, sie habe die Eltern auf Tötungsphantasien ihres Sohne hingewiesen, widersprechen die Eltern. Von den zahlreichen sadomasochistischen Videofilmen, die die Polizei auf dem Computer fand, hätten sie nichts gewusst.

Nachforschungen ergaben, dass sich der Täter im Internet über den Amoklauf an der Columbine High School in den USA im Jahr 1999 und den Amoklauf von Erfurt ausgelassen hat. Warum er selbst zum Amokläufer wurde, erklärt das nicht. Klar ist nur, dass er gewusst hat, was er tat: Als sie im Deutschunterricht über die Vorfälle sprachen, hat er eine Verschärfung des Waffengesetzes mit dem Hinweis abgelehnt, dass man nur auf Zielscheiben, nicht auf Menschen schießen dürfe.

Es drängt sich die schreckliche Erkenntnis auf, dass in der menschlichen Phantasie dunkle Seiten am Wirken sind, die dem Bösen immer wieder und auf unvorhersehbare Weise zum Durchbruch verhelfen.

Und ich sah einen neuen Himmel und eine neue Erde; denn der erste Himmel und die erste Erde vergingen, und das Meer ist nicht mehr. ...
Und ich hörte eine große Stimme von dem Thron, die sprach: Siehe da, die Hütte Gottes bei den Menschen! Und er wird bei ihnen wohnen, und sie werden sein Volk sein, und er selbst, Gott wird mit ihnen sein; und Gott wird abwischen alle Tränen von ihren Augen, und der Tod wird nicht mehr sein, noch Leid noch Geschrei noch Schmerz wird mehr sein; denn das Erste ist vergangen. Und der auf dem Thron saß, sprach: Siehe, ich mache alles neu!

Offenbarung 21,1;3–5

Halte deine Träume fest, lerne sie zu leben.
Gegen zuviel Sicherheit, gegen Ausweglosigkeit:
Halte deine Träume fest.

Eugen Eckert

Das religiöse Elend ist in einem der Ausdruck des wirklichen Elendes und in einem die Protestation gegen das wirkliche Elend.

Karl Marx

Die Träume gehen verloren. Wir sehen uns neuen Lebenslagen gegenüber, in denen Gedächtnislosigkeit und Traumlosigkeit zum Prinzip zu werden droht. Gedächtnis und Traum hängen zusammen. Es fällt mir schwer, mir eine Humanität vorzustellen, die nicht wesentlich Gedächtnis des Leidens und der Zerstörungen ist. ...
Rosa Luxemburg und Franz von Assisi konnten nie ganz verscharrt werden. Man hatte sie immer noch als Leiche im Keller, und gelegentlich gab es eine Auferstehung der Toten. Es gab verpflichtende Texte, auch wenn sie noch so oft verfälscht wurden. Diese Texte befahlen, die Welt von den Opfern und von den Beleidigten her zu sehen. Was aber wenn die Texte verschwinden; wenn nichts mehr zu lesen ist?

Fulbert Steffensky

Das Land der Gerechten

Es muss das Land der Gerechten geben. Davon ist er überzeugt. Da er nicht weiß, wo, fragt er einen Gelehrten. Der breitet all seine Bücher und Pläne aus, findet es aber nicht! Alle Länder sind aufgezeichnet - nur das Land der Gerechten nicht! Der es sucht, kann's nicht glauben: Es muss drauf sein! All deine Bücher und Pläne sind keinen Pfifferling wert, wenn das Land der Gerechten nicht drin verzeichnet ist!

Der Gelehrte ist beleidigt. Meine Pläne, sagt er, sind richtig. Das Land der Gerechten, das gibt es nicht! Der Suchende wird wütend: Da hab ich nun gelebt und gelebt, geduldet und geduldet und immer geglaubt, es gebe solch ein Land! Und nach deinen Plänen gibt es keins! Das ist Raub! Ein Schuft bist du und kein Gelehrter! Und zieht ihm eins über den Schädel, und noch eins ... Und dann geht er nach Hause und hängt sich auf ...

Es sind Arbeitslose, Landstreicher und Trinker, Prostituierte, Diebe und Mörder, denen Luka, einer der Protagonisten in Maxim Gorkis „Nachtasyl", die Geschichte vom Land der Gerechten erzählt: Menschen ohne Aussicht auf Leben, denen nichts als ihre Träume von einem besseren Leben geblieben sind.

Hol's der Teufel ... die Geschichte ist nicht lustig, sagt einer von ihnen. Eine andere einfühlsam: Er konnt's nicht ertragen, so enttäuscht zu werden. Man muss dem Menschen lassen, woran er glaubt, sagt Luka. Man darf ihm nicht alle Hoffnung nehmen, wenn sich überhaupt noch etwas ändern soll.

Luka ist der einzige Lichtblick in diesem düsteren Theaterstück. Nachdem er gegangen ist, bestimmen aufs Neue Streiterei und Gewalttätigkeit das Geschehen. Sie sind zu schwach, etwas dagegen zu unternehmen. Das erdrückende Elend, die Sinnlosigkeit ihrer Situation raubt den bemitleidenswerten Gestalten jede Aussicht auf Veränderung. Resigniert singt einer zum Schluss: „Wohl steigt die Sonne auf und nieder. Doch dringt sie nicht zu mir herein."

Verwirf mich nicht in meinem Alter, verlass mich nicht,
wenn ich schwach werde.

Psalm 71,9

Selig, die Verständnis zeigen
für meinen stolpernden Fuß
und meine erlahmende Hand.

Selig, die begreifen,
dass mein Ohr sich anstrengen muss,
um alles aufzunehmen,
was man mit mir spricht.

Selig, die zu wissen scheinen,
dass meine Augen trübe
und meine Gedanken träge geworden sind.

Selig, die mit freundlichem Lächeln
verweilen,
um ein wenig mit mir zu plaudern.

Selig, die niemals sagen:
„Diese Geschichte haben Sie mir
heute schon zweimal erzählt!"

Selig, die es verstehen,
Erinnerungen an frühere Zeiten
in mir wachzurufen.

Selig, die mich erfahren lassen,
daß ich geliebt, geachtet
und nicht allein gelassen bin.

Selig, die in ihrer Güte
die Tage erleichtern,
die mir noch bleiben
auf dem Weg in die ewige Heimat.

Aus Afrika

Was alte Menschen vom ersten bis zum letzten Atemzug am nötigsten
brauchen, sind bedeutsame persönliche Beziehungen, sie zu schaffen
und aufrecht zu erhalten. Die Fähigkeit zu solchen Beziehungen ist der
Schlüssel zum Leben und zur Reifung. Das bleibt so während des ganzen Lebens und vor allem in der anderen wichtigsten Krise im Leben,
dem Sterbevorgang. Denn die Beschaffenheit des Sterbens hängt ganz
und gar davon ab, sich geliebt zu wissen und selbst zu lieben, und von
der Atmosphäre, die den Sterbenden umgibt, von der Unterstützung der
Menschen, die mit ihm sind.

Lily Pincus

Das Patientenverwaltungsprogramm

Sie arbeitet als Krankenschwester in einem Seniorenheim. Sie wechselt Windeln, schüttelt Bettdecken auf, wäscht die Kranken, reicht hinfälligen Bewohnern Essen an, spricht mit ihnen, muntert sie auf. Alltags wie sonntags. Sie tut ihre Arbeit gern. Altenpflege ist für sie eine Sache der Einstellung.

Die wird auf eine harte Probe gestellt. Seit einigen Jahren muss sie jeden Handgriff in einer Datei beglaubigen. Mindestens eine halbe Stunde pro Schicht sitzt sie am Computer – Zeit, die sie lieber mit den Bewohnern verbringen würde. Aber die Pflege hat nach strengen Vorgaben zu erfolgen. Dafür gibt es das „Patientenverwaltungsprogramm". Es rechnet jede Tätigkeit in erstattungsfähige Kosten um.

Ließe sie sich allein vom Kostenaspekt leiten, stünden ihr für eine Ganzkörperwäsche maximal 25 Minuten, Zahnpflege 5 Minuten und Kämmen 1–3 Minuten zur Verfügung; fürs Wasserlassen einschließlich Intimhygiene und Reinigung der Toilette durchschnittlich 2–3 Minuten, für den Stuhlgang 3–6, für das Richten der Kleidung 2 Minuten – Begleitung beim Gang zur Toilette nicht mit eingerechnet.

Sie hält sich nicht daran. Pflege im Minutentakt ist menschenunwürdig, sagt sie. Diakonie ist für sie keine Leerformel. Sie gesteht jedem Menschen eine unverlierbare Würde zu, und sei er noch so hinfällig. Auch wenn die finanziellen Möglichkeiten keine Luxuspflege zulassen, muss dieser Grundsatz gelten.

Auch für die alte Frau, die seit Jahren in einem komaähnlichen Zustand schwebt. Blickkontakt ist kaum noch möglich. Auch mit ihr wird liebevoll gesprochen, auch sie bekommt ein Schmusetier in den Arm gedrückt. Einmal in der Woche sie bekommt sie Besuch von einer Mitarbeiterin der ehrenamtlichen Hospizgruppe, die sich still an ihr Bett setzt und ihr die Hand hält. Auch wenn sie bewusst nichts davon wahrnimmt, bleibt sie doch ein Geschöpf Gottes, das wie jeder Mensch Anrecht auf menschenwürdige Pflege und menschliche Zuwendung hat.

Stricke des Todes hatten mich umfangen, des Totenreichs Schrecken hatten mich getroffen; ich kam in Jammer und in Not.

Psalm 116,3

Du wollest auch behüten / mich gnädig diesen Tag
vors Teufels List und Wüten, / vor Sünden und vor Schmach,
vor Feu´r und Wassersnot, / vor Armut und vor Schanden,
vor Ketten und vor Banden, / vor bösem schnellen Tod.

EG 443,3
Georg Niege (um 1586)1592

Heute fragte Ursel, unsere Sechsjährige, mitten aus dem Spiel heraus, ob ich gerne sterbe. „„Alle Leute müssen sterben", sage ich hinter meiner Zeitung: „Aber gern stirbt niemand." Sie besinnt sich. „Ich sterbe gerne!" „Jetzt?" sage ich: „Wirklich?" „Jetzt nicht, nein, jetzt nicht – „Ich lasse die Zeitung etwas sinken, um sie zu sehen, sie sitzt am Tisch, mischt Wasserfarben. „Aber später", sagt sie und malt mit stiller Lust: „später sterbe ich gerne."

Max Frisch

Ich sehe seither alles anders. Ich gehe manchmal durch die Straßen und schaue mir jedes Tor an, jeden Stein, jeden Eingang. Ich nehme diese Anblicke in mich auf, so intensiv, als ob ich sie nie wieder hergeben oder vergessen wollte.

Christine Skinnern (35), tödlich an Krebs erkrankt

Den Tod vor Augen

Es ist schon viele Jahre her – und doch steht ihm der Schreck noch immer vor Augen. Die Fahrt war für die Jugendgruppe schon längere Zeit geplant gewesen. Endlich hatte es geklappt. Vier Tage ging es bei herrlichem Sonnenschein mit dem Schlauchboot die Weser hinab. Ein tolles Erlebnis. Alles war glatt gegangen. Die Stimmung unter den Gruppenmitgliedern konnte nicht besser sein.

Dann der letzte Tag. Vor einem Poller, an dem mehrere Lastschiffe nebeneinander ankerten, legten sie ein letztes Mal an, um mit der Bahn nach Hause zu fahren. Da seid ihr hier falsch, sagte man ihnen, als sie nach dem Bahnhof fragten. Flussabwärts hinter den Kähnen, da geht's zur Bahn.

Der verhängnisvolle Irrtum, zu meinen, mit dem Schlauchboot um die vor Anker liegenden Lastschiffe herumfahren zu können. Die Strömung ist viel zu stark. Es ging unheimlich schnell. Verzweifeltes Rufen: „Haltet euch an den Schiffen fest!" Schon kippt das Schlauchboot um. Die Strömung erfasste sie und drückte sie unter die Schiffe.

„Jetzt bist du dran", schoss es ihm durch den Sinn, als er mit dem Kopf gegen die eiserne Schiffwand stieß. Es folgte verzweifeltes Tauchen, Schwimmen in totaler Finsternis – die Hände am Grund. Bloß nirgends festklemmen. Dann endlich, endlich Licht und Luft. Aber wo sind die andern? Ertrunken? Wie Korken schossen ihre Köpfe – einer nach dem anderen – aus dem Wasser empor. Dem Himmel sei Dank. Mein Gott, was hätte er den Eltern sagen sollen?

Wie groß sein Glück und das der anderen Gruppenmitglieder gewesen war, nicht ertrunken zu sein, erfuhr er später. Zwei Paddler waren wenige Tage zuvor an gleicher Stelle ums Leben gekommen. Dasselbe Missgeschick – nur dass die Weser kein Hochwasser führte. Die Schiffe lagen auf Grund.

Das ist alles viele Jahre her. Vergessen hat er's nicht. Die Erinnerung sitzt tief, wie bedroht das Leben ist und wie schnell es ein Ende nehmen kann.

… tröstet die Kleinmütigen, traget die Schwachen,
seid geduldig gegen jedermann.

1. Thessalonicher 5,14b

Komm in unser reiches Land, / der du Arme liebst und Schwache,
dass von Geiz und Unverstand / unser Menschenherz erwache.
Schaff aus unserm Überfluss / Rettung dem, der hungern muss.

EG 428,2
Hans von Lehndorf 1968

Gott des Himmels und der Erde:
Deine Augen sehen das Kleine.
Öffne unsere Augen für Menschen,
die von Großem überwältigt werden,
öffne sie für Kinder und Jugendliche,
die Platz brauchen,
auf den Straßen, in Gärten und Höfen,
in Hausfluren und Wohnungen,
in unseren Herzen
und in unseren planenden Gedanken.

Öffne, Gott, unsere Augen für Menschen,
die kleingemacht werden,
denen der Alltag über den Kopf wächst,
denen die Sorgen zu groß
und die Verantwortung zu schwer werden,
die gedemütigt sind,
die vom Übermut überwältigt
oder von Trauer niedergedrückt sind.

Anette Armbrüster und Wolfgang Armbrüster

Schon während seiner Karriere als Boxer hat er sozial benachteiligten Jugendlichen unter die Arme gegriffen. Nach dem Ende seiner erfolgreichen Laufbahn ist daraus eine feste Sache geworden. Solchen Jugendlichen ist nicht mit gelegentlichen Wohltaten zu helfen. Seine Hilfe sollte Bestand haben. Deshalb hat Henry M. einen Fond gegründet. Inzwischen ist ein kleines Unternehmen daraus geworden. Er will, dass Jugendliche nicht links liegen gelassen werden, nur weil sie sozial benachteiligt und schwächer sind. Er will ihnen Chancen eröffnen. Bildungschancen vor allem. Sein Fond finanziert Lehrwerkstätten und Wohnheime, wo Jugendliche arbeiten und wohnen können.

Die meisten von denen, die da landen, gelten als echte Problemfälle. Der Polizei und dem Jugendamt sind sie hinreichend bekannt. Als die große Flut über Sachsen hereinbrach und ganze Städte verwüstete, sind 15 Jugendliche aus einem der Heime dahin gefahren, um alten Menschen zu helfen, die Wohnungen wieder herzurichten.

Am Ende waren sie unheimlich stolz auf das, was sie geschafft hatten. Bei einem der Besuche ihres Mäzens erzählten sie ihm davon. Einer der Jungs hatte sich in der Werkstatt versteckt. Erst nach einer ganzen Weile vermochte er seine Scheu zu überwinden, traute sich hervor und gesellte sich zu den andern. Er erklärte dem Besucher, warum er hier ist. „Stress zu Hause", wie er sich ausdrückte. Henry M. wusste, was damit gemeint ist. „Es ist immer dasselbe, es fehlt die Liebe. Dann ist es besser, weg von zu Hause und woanders eine Bleibe zu finden, wo man sich heimisch fühlen kann – ohne Angst vor Prügel."

Man merkt, dass solche Geschichten auch dem ehemaligen Boxweltmeister im Halbschwergewicht, der ungeschlagen abgetreten ist, an die Nieren gehen. Er hat Schläge ausgeteilt und Schläge einsteckt. Aber er ist einfühlsam geblieben. Diese Geschichten zeigen ihm, dass Jugendliche ohne Familie auf einmal zu großen gesellschaftlichen Leistungen fähig sind – wenn man ihnen den nötigen Rückhalt gibt.

MITTEN IM LEBEN

Aber das alles von Gott, der uns mit sich selber versöhnt hat durch
Christus und uns das Amt gegeben, das die Versöhnung predigt.

2. Korinther 5,18

Herr, gib mir Mut zum Brückenbauen,
gib mir den Mut zum ersten Schritt,
lass mich auf deine Brücken trauen
und wenn ich gehe, geh du mit.

EG 612,1
Kurt Rommel 1963

Fürchte dich nicht, geh über die Brücke.
Überschreite, überwinde die Angst, und du wirst leben.

Ursa Krattinger

Auch wenn die Brücke bricht, bestehen die Ufer weiter.

Stanislaw Jerzy Lec

brücken schlagen / brücken verbinden ufer und ufer
Völker schlagen / menschen verbinden sich und einander
wunden schlagen / wunden verbinden wir und wem
habe geschlagen / bin tief verwundet mag nicht verbinden
wer auch schlägt / einer verbindet sich mit uns
brücken schlagen / brücken verbinden tod und leben

Kurt Wolff

Der Brückenbauer

Als er geboren wurde, ging der Contergan-Prozess gerade seinem Ende entgegen. Seinen Großvater, den Gründer des Pharmaunternehmens Grünenthal, hat er nur als einen kranken, gebrochenen Mann in Erinnerung. „Er hat die Tragödie um die Folgen des Schlafmittels Contergan, das von seiner Firma entwickelt wurde, nicht verkraften können. Er ist an einem Magendurchbruch gestorben", erzählt Sebastian W., jetziger Geschäftsführer des Unternehmens: „Diese Tragödie begleitet uns seit über 45 Jahren und sie wird uns auch zukünftig begleiten."

Es ist ihm anzumerken, dass er sich intensiv mit der Tragödie auseinandersetzt. Als Christ kann und will er sich nicht einfach abfinden damit. Ihm kommt zugute, dass er erst viele Jahre, nachdem das Medikament vom Markt genommen wurde, auf die Welt gekommen ist. Deshalb kann er offener und einfühlsamer mit dem Thema umgehen als sein Vater und sein Großvater. Einfach ist es trotzdem nicht.

Es hat gedauert, mit den Contergan-Opfern in Kontakt zu kommen. Als er sich das erste Mal mit Geschädigten traf, traten ihm Hassgefühle offen entgegen. Es herrschte eisiges Schweigen. Stück für Stück gelang es ihm, die Mauer des Schweigens zu überwinden. Er ließ sich schildern, mit welchen Schwierigkeiten sie von Geburt an zu kämpfen haben. Welche Mühe es ihnen bereitet, den Alltag zu bewältigen. Es ging ihm unter die Haut, was er zu hören bekam. Aber er hat weiter zugehört.

Er begann Pläne zu entwickeln, wie die Firma den Contergan-Geschädigten zusätzlich helfen könnte. Ein schwieriges Unterfangen – ohne den Fortbestand der Firma und die Arbeitsplätze der Mitarbeiter zu gefährden. Zu hoch waren die finanziellen Erwartungen auf der einen Seite und zu tief die Angst vor Überforderung auf der anderen Seite – bis sich nach langem Ringen schließlich eine einvernehmliche und vertretbare Lösung fand. Wie hart er mit den Anteilseignern der Firma um die 50-Millionen-Offerte kämpfen musste, wollte er nichts sagen. Am Ende aber hat er sie auf seine Seite gekriegt.

Ihr sollt euch nicht Schätze sammeln auf Erden, wo sie Motten und der Rost fressen und wo die Diebe nachgraben und stehlen. Sammelt euch aber Schätze im Himmel, wo sie weder Motten noch Rost fressen und wo die Diebe nicht nachgraben noch stehlen. Denn wo euer Schatz ist, da ist auch euer Herz.

Matthäus 6,19–21

Herr, dein Wort, die edle Gabe, diesen Schatz erhalte mir;
denn ich zieh es aller Habe und dem größten Reichtum für.
Wenn dein Wort nicht mehr soll gelten, worauf soll der Glaube ruhn?
Mir ist nicht um tausend Welten, aber um dein Wort zu tun.

EG 198,1
Johann Olearius 1671

Mit seinen übermäßigen Schaufelpfoten angestrengt zu graben – ist die Beschäftigung seines ganzen Lebens: bleibende Nacht umgibt ihn … Was aber erlangt er durch diesen mühevollen und freudenleeren Lebenslauf? Futter und Begattung; also nur die Mittel, dieselbe traurige Bahn fortzusetzen und wieder anzufangen im neuen Individuo.

Arthur Schopenhauer
über den Maulwurf als Sinnbild menschlichen Unternehmens

Was wir Liebe genannt haben, ist die Art und Weise, in der wir unser individuelles Streben nach Erfüllung mit der Tatsache versöhnen, das wir soziale Wesen sind. Denn Liebe heißt, für einen anderen den Raum zu schaffen, in dem er sich entfalten kann, während er dasselbe für uns tut. Die Erfüllung des einen wird zur Grundlage für die Erfüllung des anderen. Wenn wir unser Wesen in dieser Weise entfalten, sind wir so gut, wie wir nur sein können.

Terry Eagleton

Irgendwie muss ihm das in die Wiege gelegt worden sein. Schon als junger Mensch trieb er sich zu immer neuen Höchstleistungen an. Nach seiner Ausbildung stieg er als junger Unternehmer ins Ölgeschäft ein und setzte sich in diesem Geschäft mit beinharten Methoden durch. Mit 33 hatte er seine erste Million, mit 43 hatte er das größte Unternehmen der Erde: Die Standard Oil Company. Mit 53 war er der reichste Mann der Welt, der erste Dollar–Milliardär. Als er mit 55 auf der Höhe seiner Macht war, sah er aus wie eine Mumie. Er war einsam und verhasst, ruhelos und todkrank. Er fand keinen Schlaf mehr, sein Magen vertrug nur noch warme Milch und Zwieback.

„Ihr sollt euch nicht Schätze sammeln auf Erden", sagt Jesus in der Bibel. Auf dem Hintergrund einer solchen Karriere müssten diese Worte sofort einsichtig sein. Trotzdem ertappt man sich immer wieder dabei, dass einen das Schätze Sammeln weiterhin gefangen nimmt. Vor allem, wenn man etwas spenden soll, um anderen zu helfen. Dann sind plötzlich unglaublich viele Einwände vorhanden sind – gerade so, als hinge das Glück des Lebens davon ab, weniger zu geben, als man wirklich geben kann.

Eines Tages gründete der verhasste Dollarmilliardär zur Überraschung vieler eine Stiftung. Er ließ Krankenhäuser, Schulen und Forschungsinstitute bauen. Sie halfen, das Penicillin zu entdecken und viele Krankheiten zu besiegen. Er hatte sein Vermögen gegen das Elend der Welt eingesetzt. Und siehe da: Er hatte wieder Freude am Leben, konnte plötzlich wieder schlafen und richtige Speise zu sich nehmen. Er wurde 93 Jahre alt. Er hieß John D. Rockefeller.

Ich bin nicht Rockefeller, pflegen wir zu sagen. Im Vergleich mit ihm verdienen die meisten von uns eher bescheiden. Aber die Verheißung gilt jedem von uns: Es ist besser, himmlische Schätze zu sammeln als die auf Erden. Zu helfen zahlt sich aus im Leben, – schenkt Lebensfreude und macht zufrieden.

Vergeltet niemand Böses mit Bösem.

Römer 12,17

Wenn dein Kind dich morgen fragt:
Wie sollen wir im Leben handeln?
Sag ihm: Wer es hier auf Erden wagt,
Hass in Liebe umzuwandeln,
weil er weiß, Gott liebt uns, dem
wird der Himmel offenstehn.

Susanne Sonderhoff 2004

Vater-Sohn-, Mutter-Tochter-Gefühle? Schön, wenn sie da sind.
Wunderbar, wenn man die Geschichte des Vaters und der Väter und
Mütter zur eigenen Geschichte machen und als eigene Geschichte begreifen kann. Sie sind aber nicht erforderlich, die Gefühle, schon gar
nicht als Voraussetzung zum einfachen Tun des Gebotes.

Peter Beier

Jan Dittrich, der wegen seiner Pauschalkritik an alten Menschen zu-
rückgetretene Bundesvorsitzende der Jungen Liberalen, will Buße tun.
Er werde eine Woche lang in einem Seniorenstift arbeiten, um zu zeigen, dass er ältere Menschen respektiere, ließ er verlautbaren.
Dittrich hatte in einer Pressemitteilung beklagt, dass immer mehr Kinder
in Armut lebten, während alte Menschen vergleichsweise gut situiert
seien. Unter der Überschrift „Alte, gebt den Löffel ab!" forderte er die Alten auf, „von ihrem Tafelsilber etwas abgeben – einen Löffel oder besser
gleich ein paar davon."

Frei nach FAZ vom 6.3.2005 und 9.3.2005

40

Der Reviersteiger

Die Polizeistreife greift den Zwölfjährigen mit dem Schulranzen auf dem Rücken nach Mitternacht auf. Auf der Wache wird registriert, was der Junge bei sich hat: ein Taschenmesser, Hausschlüssel, zwei Butterbrote, eine Kakaotüte. Den kleinen Teddybären lässt der Junge nicht aus der Hand. Er beantwortet keine einzige Frage. Sollen sie ihn doch schlagen. Er ist das gewöhnt. Am Tag darauf wird das Jugendamt verständigt. Einer Sozialarbeiterin erzählt er, warum er weggelaufen ist. Die ständige Angst, wenn der Vater vom Dienst nach Hause kommt, zur Schnapsflasche greift und sich betrinkt. Die plötzlichen Wutausbrüche. Die Schläge ins Gesicht. Tritte. Prügelabende ohne Unterlass.

Gegen den Willen des Vaters wird der Junge in einer Pflegefamilie untergebracht. Nach langem Hin und Her vor Gericht muss er zurück. Aber in den drei Jahre, die darüber verstrichen sind, ist der Junge so stark geworden, dass er sich nichts mehr gefallen lassen muss: „Damit das klar ist: ein Schlag von dir und ich schlage zurück." Sie gehen einander aus dem Weg. Mit 16 Jahren macht er die Mittlere Reife und beginnt eine Ausbildung als Bergmann in einer anderen Stadt. Er ist den Alten los.

Seinem Vater wird der Alkohol zum Verhängnis. Er wird entlassen und landet auf der Straße. Nach wenigen Jahren ist er ein lebendiges Wrack. Als der Junge davon hört, bringt er ihn in einem Pflegeheim unter, obwohl es ihn eine Stange Geld kostet. Sonntag für Sonntag besucht er ihn, schleppt ihn geduldig über die Gänge des Pflegeheimes, Schritt für Schritt. Fast trägt er ihn. Die Füße des dürren Greises berühren kaum den Boden. Sie sprechen nicht miteinander. Das armselige lallende Knochenbündel ist nicht mehr ansprechbar.

„Warum tun Sie das?", wurde er gefragt. „Der merkt doch kaum noch was davon!" „Soll ich mir vielleicht Vorwürfe machen eines Tages? Den kann man nicht so einfach im Dreck sitzen lassen. ... Wo ich hier lebe und mir es gut geht!"

Freie Nacherzählung einer Predigt von Peter Beier über das 4. Gebot

Lobe den Herrn, meine Seele, und vergiss nicht,
was er dir Gutes getan hat.

Psalm 103,2

Lobe den Herren, was in mir ist, lobe den Namen.
Alles, was Odem hat, lobe mit Abrahams Samen.
Er ist dein Licht, Seele, vergiss es ja nicht.
Lobende, schließe mit Amen.

EG 317, 5
Joachim Neander 1680

Undank ist der Welt Lohn

Sprichwort

Danken müssten wir können
und uns ehrlich freuen!

Danken und nicht vergessen,
wie gut es uns geht.
Wenn wir alles hätten büßen müssen?
Wenn die Zeit nichts heilte?
Wenn es zum Letzten gekommen wäre?

Wir wurden verschont;
Wir kamen darüber hinweg.
Das Leben wurde uns geschenkt,
die Möglichkeit, neu zu beginnen.
Danken müssten wir können
und uns ehrlich freuen!

Friedrich Karl Barth

Der Schuhmachermeister

Die Schuhe waren gerade frisch besohlt. Sie waren nur ein paar
Mal getragen worden, als sich die Sohle an einer Stelle löste. Är-
gerlich. Nun musste sie noch einmal zum Schuhmacher. Als ihm
Stelle gezeigt wurde, sagte er: „Da hat einer der Lehrlinge wohl
wieder mal den Kleber nicht lange genug abtrocknen lassen. Wir
bringen das gleich in Ordnung." Er rief einen jungen Mann herbei, der in der kleinen Werkstatt an einer Schleifmaschine stand.
Sein Meister erklärte ihm, was los war. Bereitwillig nahm der
Lehrling den Schuh und machte sich an die Arbeit.

„Sie bilden aus?", fragte der Kunde. „Lohnt sich denn das für
Sie?" „Das gerade nicht", antwortete der Meister. „Aber ich kann
mich noch gut erinnern, wie das ist, wenn man keine Lehrstelle
bekommt. Das vergisst man nicht." „War das denn damals auch
schon so schwierig, als Sie gelernt haben?" Er schüttelte den
Kopf. „Aber wenn man ohne Abschluss von der Schule fliegt,
kann man lange warten."

Er erzählte, wie alles gekommen war. Seine Lehrerin hatte ihm
wegen einer frechen Bemerkung eine Ohrfeige verpasst. Er fühlte
sich ungerecht behandelt und hatte zurückgeschlagen. Der
Schulleiter fackelte nicht lange. Er hätte sich gegen den Raus-
schmiss wehren können. Aber das traute er sich nicht. Er hatte
Angst, alles noch schlimmer zu machen. Er hatte ja keine Ah-
nung gehabt, wie schwer es ist, ohne einen ordentlichen Abschluss eine Lehrstelle zu kriegen.

Schließlich bekam er eine Stelle bei einem Schuhmacher
„Mein Meister war der reinste Choleriker. Hat herumgeschrien.
Wäre seine Frau nicht gewesen, hätte ich das nicht geschafft. Sie
hat mich immer wieder aufgemuntert."

Nach Beendigung der Lehrzeit hat er auf dem 2. Bildungsweg
den Hauptschulabschluss nachgeholt und auch die Meisterprü-
fung gemacht. „Einfach war das nicht. Ich habe Glück gehabt,
das mich überhaupt noch jemand genommen hat. Ich habe das
nicht vergessen. Man muss den jungen Leuten doch eine Chance
geben. Wie soll denn sonst etwas aus ihnen werden?"

Sorget nicht um euer Leben, was ihr essen und trinken werdet; auch nicht um euern Leib, was ihr anziehen werdet. Ist das Leben nicht mehr als die Speise und der Leib mehr als die Kleidung?

Matthäus 6,25

Sollt ich mich bemühn um Sachen,
die nur Sorg und Unruh machen / und ganz unbeständig sind?
Nein, ich will nach Gütern ringen,
die mir wahre Ruhe bringen, / die man in der Welt nicht find't.

EG 352,3
Nürnberg 1676

Was nun den Reichtum betrifft, so leben wir in einer Kultur, die fromm bestreitet, dass Reichtum ein Endzweck sei, ihn aber in der Praxis so behandelt. Zu den stärksten Vorwürfen gegen den Kapitalismus gehört die Kritik, dass er uns zwinge, den größten Teil unserer schöpferischen Kräfte auf rein utilitaristische Angelegenheiten zu verwenden. Die Mittel des Lebens werden zum Zweck. Leben besteht darin, die materiellen Grundlagen des Lebens zu schaffen. Es ist schon erstaunlich, dass die materielle Organisation des Lebens im einundzwanzigsten Jahrhundert genauso im Mittelpunkt steht wie in der Steinzeit.

Terry Eagleton

Von einer überzogenen Konsumorientierung kann man dann sprechen, wenn materielle Objekte benutzt werden, um Zuneigung zu erwerben oder Selbstachtung zu erlangen, und wenn sie das Streben nach Selbstverwirklichung beherrschen. … Entscheidend ist die Frage, was ein gutes Leben ausmacht. Welche Ziele sollen bei jenen Menschen, deren Grundbedürfnisse erfüllt sind, an die Stelle einer Anbetung des Konsums treten?

Amitai Etzioni

„Es sind nicht die wirklich Armen, die zur mir kommen. Am meisten habe ich es mit Normalverdienern zu tun", erklärt er seinem Besucher. Der schaut etwas ungläubig drein, deshalb fügt er erläuternd hinzu: „Arme Leute sind gar nicht in der Lage, Schulden zu machen. Denen gibt niemand einen Kredit. Es trifft Leute, die über Einkommen verfügen. Doppelverdiener, die gewohnt sind, Geld auszugeben. Wenn es nicht reicht, kaufen sie per Ratenzahlung: Autos, Kleidung, Urlaubsreisen. Manche haben gebaut – ohne jedes Eigenkapital. Wird einer arbeitslos, ist die Überschuldung vorprogrammiert."

Erwin ist Schuldnerberater. Er weiß natürlich, dass nicht alle Schulden auf Leichtsinn beruhen. Oft stehen Schicksalsschläge dahinter: Krankheit oder Scheidung. Neben Arbeitslosigkeit die häufigste Ursachen für Überschuldung. Manchmal kommen Leute zu ihm, die nachts nicht mehr schlafen können. Sie zucken jedes Mal zusammen, wenn es an der Tür klingelt, weil vielleicht schon wieder der Gerichtsvollzieher vor der Tür steht. Manchen sitzen bis zu zwölf Gläubiger im Nacken, die ungeheuer brutal vorgehen, um ihr Geld einzutreiben. Es ist ein ziemlich düsteres Bild, das der Schuldnerberater malt.

„Das ist die Kehrseite unserer auf Konsum angelegten Gesellschaft", sagt Erwin. „Die Leute können der Werbung einfach nicht widerstehen. Als hinge das Glück ihres Lebens einzig und allein davon ab, sich bestimmte Sachen leisten zu können. Wenn ich davon zu sprechen anfange, schauen sie mich völlig verwundert an. Sie haben noch nie darüber nachgedacht, ob es wirklich nichts anderes gibt, wofür es sich zu leben lohnt."

In über 80 Prozent der Fälle kriegt Erwin hin, dass die Hilfesuchenden nach der Beratung wieder schuldenfrei sind. Auch wenn es manchmal zwischen 5 und 10 Jahre dauert. Es freut ihn ungemein, wenn es ihm gelingt, Menschen aus einer hoffnungslos erscheinenden Situation herauszuholen, und sie noch einmal neu anfangen können.

Und die Wahrheit wird euch frei machen.

Johannes 8,32

Herr,
wir haben viele eigene Probleme,
mit denen wir nicht fertig werden.
Aber lass uns darüber hinaus nicht vergessen,
dass auch andere Menschen Probleme haben,
die oft schwerwiegender sind als unsere eigenen.
Deshalb gib uns die Kraft zu helfen,
wo wir helfen können.

Heidi Carl

Ich habe Angst
vor mir
wo sind Worte die mir helfen
den Krieg gegen mich
zu gewinnen

Rose Ausländer

Ein Mensch hat es bei sich bedacht,
dass Helfen wirklich Freude macht.
Er richtet einen andern auf
und kommt so nebenbei darauf,
dass er, indem er andere stützt,
zugleich dem eignen Wohlsein nützt.
Indem er einen anderen hält, erfährt er Halt in dieser Welt.
Es ist ein Wechselstrom. Punktum:
Die Richtung kehrt sich wieder um.
Was einem andern du erwiesen,
das kannst du schließlich selbst genießen.

Erich Puchta

Der Suchtkrankenhelfer

Beruflich arbeitet er bei der Stadt im Ordnungsamt. Ehrenamtlich arbeitet er als ausgebildeter Suchtkrankenhelfer. Er leitet eine Selbsthilfegruppe beim Blaukreuz. Keine leichte Aufgabe. Sie erfordert genaue Kenntnisse über suchtkranke Menschen und ein hohes Maß an Einsatzbereitschaft. Allein die Ausbildung zum Suchtkrankenhelfer dauert an die 140 Stunden.

„Warum machen Sie das?", wurde er gefragt. Er lächelte: „Weil ich selber abhängig bin." Sein Besucher war überrascht. Von einem Beamten hatte er diese Offenheit nicht erwartet. Er ließ sich erzählen, wie alles gekommen war. Eigentlich nichts Ungewöhnliches. Eine ganz normale Trinkerkarriere. Als Jugendlicher hatte er im Kreis seiner Freunde angefangen, Alkohol zu trinken. Erst nur gelegentlich – dann wurde es zur Gewohnheit.

„Alkoholismus ist keine Frage der Bildung oder der sozialen Herkunft", führte er aus. „Die Sucht kennt keine Schranken. Sie ist in allen Schichten und Kreisen zu Hause. Jeder, der regelmäßig Alkohol konsumiert, kann davon betroffen sein. Ob man schon abhängig ist oder noch nicht, weiß man erst hinterher ..."

Nach einer Pause fügte er hinzu: „Die meisten wollen das nicht wahrhaben. Sie machen sich etwas vor. Es fehlt ihnen der Mut, sich zu ihrer Krankheit zu bekennen. Sie lügen und betrügen sich. Dadurch wird es immer schlimmer ... Ich habe getrunken, um die Abscheu vor mir selbst zu betäuben. Das Karussell der negativen Gefühle, die einen immer wieder einholen, habe ich dadurch nicht zum Halten gebracht. Was folgt, ist die soziale Verelendung, die Vereinsamung, Krankheiten durch mangelhafte Ernährung, der Abbau des Immunsystems infolge fehlender Hygiene. Manche tragen irreparable Herz-, Leber- und Gehirnschäden davon."

„Wie haben Sie es geschafft, da herauszukommen?" Wieder lächelte er: „Ohne fremde Hilfe kommt da niemand raus. Suchtkrankheit ist nicht heilbar. Der Rückfall in die Sucht ist die Regel, nicht die Ausnahme."

Ihr seid das Licht der Welt. Es kann die Stadt, die auf einem Berge liegt, nicht verborgen sein. Man zündet auch kein Licht an und setzt es unter einen Scheffel, sondern auf einen Leuchter; so leuchtet es allen, die im Hause sind. So soll euer Licht leuchten vor den Leuten, dass sie eure guten Werke sehen und euren Vater im Himmel preisen.

Matthäus 5,14–16

Ein Funke kaum zu sehn, / entfacht doch helle Flammen,
und die im Dunkeln stehn, / die ruft der Schein zusammen.
Wo Gottes große Liebe / in einem Menschen brennt,
da wird die Welt vom Licht erhellt; / da bleibt nichts, was uns trennt.

EG 603,2
Manfred Siebald 1973

Wenn Gott Menschen misst, legt er das Maßband nicht um den Kopf, sondern um das Herz.

Aus Irland

Du bist ein Kind Gottes.
Dich klein zu machen, nützt der Welt nicht.
Es zeugt nicht von Erleuchtung, sich zurückzunehmen,
nur damit sich andere Menschen um dich herum
nicht verunsichert fühlen.
Wir alle sind aufgefordert, wie die Kinder zu strahlen.
Wir wurden geboren, um die Herrlichkeit Gottes,
die in uns liegt, auf die Welt zu bringen.
Sie ist nicht in einigen von uns,
sie ist in jedem.

Nelson Mandela

Der Zweimetermann

Er ist das wohl bekannteste Opfer des Contergan-Skandals. Wenn er die Bühne betritt, braucht er ein wenig Zeit, bis er den Stuhl auf dem Podest erklommen hat. Bei einem Publikum, das ihn nicht kennt, löst das zuweilen Befremden aus. Aber wer Thomas Quasthoff dann singen hört, vergisst, dass er behindert ist. Seine Stimme ist so ausdrucksstark, dass man schnell begreift, warum Thomas Quasthoff zu den berühmtesten Sängern unserer Zeit gehört. Er gastiert auf allen großen Bühnen der Welt.

Eine außergewöhnliche Kariere, die nur wenigen Menschen beschieden ist. Deshalb wehrt sich Thomas Quasthoff dagegen, stellvertretend für die weltweit anderen 50.000 Contergan-Opfer herangezogen zu werden: „Was nützen einem Contergangeschädigten ohne Arme und Beine meine Erfahrungen, wenn er nicht singen oder mit dem Mund malen kann wie Picasso? Gar nichts." Die meisten Behinderten vegetieren immer noch auf Sozialhilfeniveau, werden in Heimen oder betreuten Werkstätten verwahrt und mit Billigarbeit ausgebeutet. Er konnte diesem Getto entfliehen: Dank der liebevollen Förderung seiner Eltern, Dank seiner musikalischen Begabung, Dank der Toleranz einiger Menschen und mit viel Glück.

Diese Erfahrung hindert ihn nicht, Benefizkonzerte für die Stiftung „Kinder von Tschernobyl" zu geben, deren Schirmherr er ist. Das Schicksal der Kinder, die 20 Jahre nach der Katastrophe immer noch an Schilddrüsenkrebs erkranken, geht ihm an die Nieren. In Russland fehlt es an Therapiemöglichkeiten. Auf seine Weise trägt er dazu bei, dass die schwer erkrankten Kinder in Deutschland behandelt werden.

Thomas Quasthoff macht kein großes Aufheben von sich. „1,31 Meter groß", sagt er von sich, „kurze Arme, sieben Finger – vier rechts, drei links, großer, relativ wohlgeformter Kopf." „Er mag zwar klein sein", sagt seine Frau von ihm. „Doch was die innere Größe angeht, ist er ein Zweimetermann." Wer sich das Schicksal anderer Menschen zu Herzen nimmt, wächst zu einer Größe heran, wie Gott sie von uns haben will.

MITTEN IM LEBEN

Ich bin krank gewesen, und ihr habt mich besucht.

Matthäus 25,36b

Liebe ist nicht nur ein Wort
Liebe, das sind Wort und Taten.
Als Zeichen der Liebe ist Jesus geboren,
als Zeichen der Liebe für diese Welt.

EG 613,1
Eckard Brücken 1973

Bei Vorbildern ist es unwichtig, ob es sich dabei um einen großen toten Dichter, um Mahatma Gandhi oder um Onkel Fritz aus Braunschweig handelt, wenn es nur ein Mensch ist, der im gegebenen Augenblick ohne Wimpernzucken gesagt oder getan hat, wovor wir zögern.

Erich Kästner

Lass es nicht beim Reden. ... Hilf mit, dass unbezahlte Arbeit, die der Allgemeinheit zugute kommt, wieder Anerkennung findet. Hilf mit, dass die Fragen „Was habe ich davon?" und „Was kriege ich dafür?" in Zukunft weniger laut hallen. Hilf mit, dass Idealismus künftig nicht mehr nach Dummheit riecht.

Gudrun Pausewang

Der Schlüssel zum Universum ist, wie sich herausstellt, keine erschütternde Offenbarung, sondern etwas, das viele anständige Menschen ohnehin machen, ohne groß Gedanken darauf zu verschwenden. Die Ewigkeit liegt nicht in einem Sandkorn, sondern in einem Glas Wasser. Der Kosmos dreht sich um die Tröstung der Kranken. Wer so handelt, hat Teil an der Liebe, die einst die Sterne hat entstehen lassen. So zu leben bedeutet nicht nur Leben haben, sondern es in Fülle zu haben.

Terry Eagleton zu Matthäus 25,36

Die Abiturientin

Was sie denn nach dem Abitur machen wollten, wurden die Schülerinnen und Schüler in einer der letzten Stunden vor Ende der Schulzeit von ihrem Religionslehrer gefragt. Studieren, haben einige von ihnen geantwortet. Andere wollten gleich einen Job anfangen: eine Lehre bei einer Bank oder einer Versicherung absolvieren und möglichst schnell eigenes Geld verdienen – endlich frei sein, zu Hause auszuziehen. Andere wollten zunächst eine längere Pause einlegen: ausspannen, reisen, die Welt anschauen.

„Und du?", fragte der Lehrer schließlich eine Schülerin, die bislang geschwiegen hatte. Er war gespannt darauf zu hören, was eine der Besten des Jahrgangs machen würde. Sie zögerte mit der Antwort, schaute sich in der Klasse um und sagte schließlich: „Ich werde ein freiwilliges soziales Jahr einlegen." Was denn, ausgerechnet sie? Die Überraschung war ihren Mitschülerinnen und Mitschülern in das Gesicht geschrieben. Die brauchte doch weder einen Numerus clausus noch eine Eignungsprüfung zu fürchten. Der standen alle Türen offen. Die war doch auch sonst auf ihren Vorteil bedacht. Und nun das!

Als hätte sie mit dem Zweifel der anderen gerechnet, fügte sie erklärend hinzu: Sie habe in den Sommerferien im letzten Jahr ein Praktikum in einer Behinderteneinrichtung gemacht. Als es zu Ende ging, seien die Bewohnerinnen und Bewohner des Heimes sehr traurig gewesen. Sie habe versprochen wiederzukommen. Die Behinderten freuten sich schon darauf.

Die anderen in der Klasse guckten ziemlich ungläubig drein. Zu fremd schien ihnen zunächst der Gedanke, ein ganzes Jahr dranzugeben, nur um für andere da zu sein. Doch dann entstand eine lebhafte Diskussion, was eigentlich das Leben ausmacht: Erfolg und Beruf, das Bemühen, im rechten Licht zu stehen? Als sie auf die Freude und Dankbarkeit der Behinderten zu sprechen kamen, von der ihre Mitschülerin erzählte, mehrten sich die Stimmen, sich durchaus lohnen könnte, ein Jahr lang für andere da zu sein. Das seien Erfahrungen, die einem niemand nehmen kann.

Wahrlich, ich sage euch: Was ihr nicht getan habt einem unter diesen Geringsten, das habt ihr mir auch nicht getan.

Matthäus 25,45

Was ich den Armen hier getan, dem Kleinsten auch von diesen, das sieht er, mein Erlöser, an, als hätte ich's ihm erwiesen.

EG 412,7
Christian Fürchtegott Gellert 1757

Tatsachen schafft man nicht dadurch aus der Welt,
dass man sie ignoriert.

Aldous Huxley

Von unten her
Betrachtet Gott die Welt von oben herab? Zu dieser Annahme verleitet die Formel „Gott im Himmel" noch immer. Aber das Evangelium behauptet, dass die göttliche Perspektive diejenige Jesu ist, der, innerhalb des römischen Weltreichs ein anonymer Provinzler, ein als Lokalrebell Gehängter, die Welt von unter her, d.h. aus dem Blickwinkel von Rechtlosen (Frauen, Kindern), Verstoßenen (Aussätzigen), Landproletariern (Tagelöhnern), Irrgläubigen (Samaritern) und sozial Verfemten (Zöllnern) sehen lernte.

Kurt Marti

Es war kalt und regnerisch. Die Frau saß mitten in der Fußgängerzone auf den nassen Steinen. Auf dem Schoß ein kleines Kind. Es sah kränklich und hinfällig aus. Die Frau streckte den Passanten flehentlich ihre Hände entgegen. Ihr Blick suchte die Augen der Vorübergehenden. Die meisten gingen achtlos vorüber. Sie blickten zur Seite oder taten, als seien sie in ein Gespräch vertieft. Andere machten keinen Hehl aus ihrer Abneigung und ließen entsprechende Bemerkungen fallen.

Diese war nicht die einzige Bettelnde, der man an diesem Tag über den Weg laufen konnte. Bei einem ausgedehnten Einkaufsbummel begegnete man einer ganzen Reihe von ihnen. Ohne Rücksicht auf das Wetter waren sie gnadenlos im Stadtzentrum abgesetzt worden, um Geld heranzuschaffen. Ihre Männer spekulierten darauf, dass ihr Mitleid erregender Anblick mehr einbringen würde, als wenn sie geregelter Arbeit nachgingen.

Was tun? Derlei Unwesen durch eine Gabe auch noch unterstützen? Fördert man nicht die Menschen verachtende Ausbeutung von Frau und Kind, wenn man ihr etwas gibt? Wird man nicht mit schuldig an der Verlängerung ihres Elends?

Es gibt viele Möglichkeiten, sich der Armut von Menschen zu entziehen. Man kann sich darüber mokieren, dass sie berechnend zur Schau gestellt wird – obwohl das die wenigsten tun. Man kann sich moralisch entrüsten, dass sie mit der Darstellung ihres Elends unser Mitleid ausnutzen – ohne zu bedenken, dass den meisten tatsächlich nichts anderes übrig bleibt. Man kann sich verweigern, indem man wissenschaftliche Theorien über die gesellschaftlichen Ursachen von Armut aufstellt – ohne dass sich irgendetwas ändert.

Offensichtlich gibt es gute Gründe, zur Armut auf Distanz zu gehen. Sie führt die Schattenseiten des Lebens vor Augen. Soweit darf es nicht kommen. Man entzieht sich. Man weigert sich. Dabei gibt es nichts Wichtigeres, als die Welt aus der Perspektive derer zu betrachten, die nichts haben, wenn sich irgendetwas ändern soll.

Alles, was ihr wollt, dass euch die Leute tun sollen, das tut ihnen auch!
Das ist das Gesetz und die Propheten.

Matthäus 7,12

Hilf, dass ich rede stets, womit ich kann bestehen;
lass kein unnützlich Wort aus meinem Munde gehen;
und wenn in meinem Amt ich reden soll und muss,
so gib den Worten Kraft und Nachdruck ohn' Verdruss.

EG 495,3
Johann Heermann 1630

Wer einmal lügt, dem glaubt man nicht, und wenn er auch die Wahrheit
spricht.

Sprichwort

Ehrlich währt am längsten

Sprichwort

Der Ehrliche ist der Dumme

Ulrich Wickert

Traue nicht dem Glanz der Sterne, Sterne blinken und vergehen.
Traue nicht dem Duft der Rosen, Rosen blühen und verwehen.
Traue aber einem Menschen, der's ehrlich mit dir meint,
der im Glücke mit dir jubelt und im Unglück mit dir weint.

Volksmund

Die goldene Regel

Eigentlich wollte er nur ein Mitbringsel für seine Frau besorgen. Er war längere Zeit auf Geschäftsreise gewesen und wollte nicht mit leeren Händen nach Hause kommen. In einem Antiquariat war ihm ein Ring ins Auge gefallen. Der könnte seiner Frau wohl gefallen. Aber war er nicht ein wenig zu klein?

Der Besitzer des Ladens suchte die Zweifel seines Kunden zu beseitigen. „Wenn der Ring zu eng ist, lassen Sie ihn einfach von einem Juwelier weiter machen." – „Ja, aber das machen die nicht so gern, wenn der Ring nicht bei ihnen gekauft ist." – „Dann sagen Sie einfach, Sie haben den Ring geerbt." – „Aber das habe ich doch gar nicht." – „Aber das weiß doch keiner." – „Aber ich weiß das doch", entgegnete der Kunde.

Etwas verstört versuchte es der Antiquitätenhändler noch einmal: „Der Juwelier weiß doch nichts davon." Er schien gar nicht zu begreifen, worum es dem Kunden ging. Nicht nur dem Schein nach und nach außen hin aufrichtig zu sein, sondern auch nach innen, sich selbst gegenüber.

Aus der Entgegnung des Kunden: „Aber ich weiß das doch", spricht eine Haltung, die vielfach verloren gegangen ist. Was nicht ausdrücklich verboten ist, ist erlaubt, lautet heute die Devise: Wenn's keiner merkt, darf man's auch tun. Der Preis, den wir alle dafür zahlen, ist groß. Es geht auf Kosten von Glaubwürdigkeit, die für ein verlässliches Miteinander unabdingbar ist.

Es hat keinen Zweck, anzuprangern und zu beklagen, was es alles an Mauscheleien, kleineren und größeren Betrügereien gibt. Wer mit dem Finger auf andere zeigt, sollte bedenken, dass drei Finger der ausgestreckten Hand auf ihn selbst zurückweisen. Wer etwas ändern will, kommt nicht darum herum, auch seine eigene Einstellung zu befragen: Wie halte ich es mit der Wahrhaftigkeit?

Jesus hat es auf eine einfache Formel gebracht. „Was ihr wollt, was euch die Leute tun sollen, das tut auch ihnen." In diesen Worten ist alles enthalten, was für ein verlässliches Miteinander nötig ist. „Goldene Regel" hat man deshalb diese Worte genannt.

Kommt her zu mir alle, die ihr mühselig und beladen seid;
ich will euch erquicken.

Matthäus 11,28

Brich den Hungrigen dein Brot.
Die im Elend wandern, / führe in dein Haus hinein,
trag die Last der andern.

EG 418,1
Martin Jentsch 1951

Die Unglücklichen brauchen nichts anderes in dieser Welt als Menschen, die fähig sind, ihnen ihre Aufmerksamkeit zuzuwenden.

Simone Weil

Der Sinn des Lebens ist nicht die Lösung eines Problems, sondern eine bestimmte Art zu leben. Er ist nicht metaphysisch, sondern ethisch. Er ist nichts vom Leben Losgelöstes, sondern das, was das Leben lebenswert macht – das heißt eine bestimmte Qualität, Tiefe, Fülle und Intensität des Lebens. In diesem Sinne ist der Sinn des Lebens das Leben selbst, auf bestimmte Weise betrachtet.

Fachhändler für den Sinn des Lebens sind über diese Behauptung nicht sonderlich glücklich, sie erscheint ihnen nicht geheimnisvoll und majestätisch genug, zu banal und zu allgemein verständlich: ... Genau dieses Abgleiten ins Banale zeigt Matthäus in seinem Evangelium, als er die glanzvolle Wiederkehr des Menschensohnes inmitten der himmlischen Heerscharen darstellt. Trotz solcher kosmischen Bilder von der Stange erweist die Erlösung sich dann nämlich als beschämend prosaische Angelegenheit, bei der es darum geht, den Hungernden zu essen und den Dürstenden zu trinken zu geben, Fremde freundlich aufzunehmen und Gefangene zu besuchen. Das hat keinerlei religiösen Glanz und keine Aura. Jeder kann es tun. ...

Terry Eagleton

Die Herbergsmutter

Sauber ist es und sehr gepflegt. An den Wänden der Herberge für Durchreisende hängen gerahmte Fotos obdachloser Männer und Frauen. „Ich möchte, dass sie hier eine Bleibe haben, wo sie sich zu Hause fühlen. Wo hängt sonst ein Bild von ihnen?", erklärt Frau C. ihrem Besuch, als sie den fragenden Blick beim Durchgang durchs Haus bemerkt.

Sie sorgt sich um ihre Durchreisenden. Die meisten von denen, die auf den Fotos zu sehen sind, kommen seit Jahren zu ihr. Manchmal sammelt sie auch Leute auf, die im Park übernachtet haben.

Das ist nicht immer ganz einfach. Man muss sich schon auskennen mit Menschen, die obdachlos sind. Die meisten haben abgebaut durch Krankheit, Arbeitslosigkeit, Schulden und Scheidung. Oft die Folge von Alkohol- und Nikotinmissbrauch. Viele sind geistig und seelisch völlig ausgebrannt und auf ständige Betreuung angewiesen.

Frau C. spürt, was in den Durchreisenden vorgeht und wie ihnen manchmal zumute ist. Besonders an den Feiertagen, zu Weihnachten und Ostern, wenn das ganze Elend hochkommt und sich in heftigen Gefühlsausbrüchen entlädt. Bei ihr sind sie friedlich. Sie haben akzeptiert, dass bei ihr Alkohol tabu ist.

Mehr als die Hälfte der Menschen, die bei ihr aus- und eingehen, sind inzwischen sesshaft geworden. „Im Moment gibt der Wohnungsmarkt das her", meint Frau C. „Allerdings ist es nicht einfach, Vermieter zu finden, die Verständnis für Menschen, die anders sind, aufbringen. Nach all den Jahren *auf Platte* ist es nicht so einfach, eine gewisse Ordnung einzuhalten."

Seit über zwanzig Jahren kümmert sich Frau C. um obdachlose Menschen. Eine besondere Anerkennung oder Auszeichnung ist ihr deswegen nicht zuteil geworden. In ihrem Gesichtsausdruck ist deswegen keine Spur von Resignation oder Enttäuschung zu entdecken. Sie versteht es als ihre Lebensaufgabe, Durchreisenden eine Bleibe zu bieten. Dies will sie machen, bis sie in Rente geht.

Bittet, so wird euch gegeben; suchet, so werdet ihr finden; klopfet an, so wird euch aufgetan. Denn wer da bittet, der empfängt; und wer da sucht, der findet; und wer da anklopft, dem wird aufgetan.

Matthäus 7,7–8

Wo ein Mensch Vertrauen gibt,
nicht nur an sich selber denkt,
fällt ein Tropfen von dem Regen,
der aus Wüsten Gärten macht.

EG 604,1
Hans-Jürgen Netz 1975

Manchem ist dieses Wort verdächtig: Heutzutage, heißt es, kannst du keinem mehr trauen! Aber wer will leben ohne das, was wir Vertrauen nennen? Mögen wir auch immer wieder enttäuscht werden, wir müssen uns ein Herz fassen, uns buchstäblich trauen, aus dem Vertrauen zu leben.

Lothar Zenetti

Es ist gut, auf den Herrn trauen und nicht sich verlassen auf Menschen.

Psalm 118,8

Ich halte es für falsch, Sicherheiten in dieser Welt zu erwarten, wo alles außer Gott, der die Wahrheit ist, ungewiss ist.

Mahatma Gandhi

Wer die 30er und 40er Jahre als Deutscher erlebt hat, der kann seiner Nation nie mehr wirklich trauen, der kann der Demokratie so wenig völlig trauen wie einer anderen Staatsform, der kann dem Menschen überhaupt nicht mehr völlig trauen und am wenigsten dem, was Optimisten früher den „Sinn der Geschichte" nannten.

Golo Mann

Die Kassiererin

Ungeduldig drängten die Massen im Supermarkt nach vorn. Vor den Kassen stauten sich lange Schlangen. Es war Freitagnachmittag. Mitten in der Schlange eine alte Frau. Immer wieder griff sie in den Einkaufskorb, wie um sich zu vergewissern, dass sie alles bei sich hatte. Als sie an der Reihe war, konnte sie kaum mithalten, ihre Sachen schnell genug auf das Förderband zu legen. Im Handumdrehen hatte die Kassiererin alle Preise eingescannt. Die Frau war noch dabei, ihre Sachen vom Band zu nehmen, da nannte die Kassiererin schon die Summe.

Wo hatte sie nur ihr Portmonee gelassen? Unruhig kramte die alte Frau in ihren Taschen. Schließlich fand sie es. Nervös, verunsichert von den neugierigen Blicken der nachdrängenden Kunden hinter ihr in der Schlange reichte sie es mit zittrigen Händen dem Mädchen an der Kasse: „Können Sie das Geld herausnehmen? Ich kann nicht mehr so gut sehen."

Das Mädchen hinter der Kasse nahm das Portmonee, schaute kurz hinein, zog ein paar Scheine heraus und suchte die passenden Münzen zusammen. „Passt genau", sagte sie, öffnete die Kasse und sortierte Scheine und Münzen in die entsprechenden Fächer. „Wie freundlich von Ihnen, ich kann die Münzen so schlecht unterscheiden." – „Das ist schon in Ordnung", antwortete die Verkäuferin, gab ihr mit einem freundlichen Lächeln das Portmonee zurück und wandte sich dem nächsten Kunden zu.

Das Ganze geschah ganz selbstverständlich. Ohne jeden Zweifel, ohne Zögern, ohne Unbehagen. Die Menschheit lebt davon, dass es das gibt: Kleine alltägliche Vertrauenserweise, die man in Anspruch nimmt und nicht enttäuscht wird.

Der helle Wahnsinn wäre das Gegenteil: sich auf nichts und niemand verlassen zu können; hinters Licht geführt und betrogen zu werden, wo man geht und steht. Die Luft, die man zum Atmen braucht, wäre vergiftet. Ohne die natürliche, gar nicht selbstverständliche Vorgabe des Vertrauens stünde das Leben still.

Darum werfet euer Vertrauen nicht weg,
welches eine große Belohnung hat.

Hebräer 10,35

Wo ein Mensch Vertrauen gibt
nicht nur an sich selber denkt,
fällt ein Tropfen von dem Regen,
der aus Wüsten Gärten macht.

EG 604,1–3
Hanns Jürgen Netz 1975

Das Leben geht nur,
wenn ich hoffe und handle, als ob es ginge.

Hans Ekkehard Bahr

Der Mensch handelt nicht nur gemäß dem, wie er ist,
sondern wird auch, wie er handelt.

Viktor E. Frankl

Eine menschenfreundliche Gesellschaft lebt von gegenseitiger Hilfe,
von Solidarität mit den Schwachen, von der Aufmerksamkeit füreinander. Zeit füreinander haben – das gehört zum Kostbarsten, was wir uns
schenken können. Nur so schaffen wir eine Gesellschaft, in der wir selber gern leben.

Johannes Rau

Die Lehrerin

Es war nicht das erste Mal gewesen. Man hatte sie wiederholt ermahnt, mit den Hänseleien und Raufereien aufzuhören. Trotzdem waren sie auf dem Schulhof übereinander hergefallen und hatten wie wild aufeinander eingeprügelt.

Sie mussten mit dem Schlimmsten rechnen. Die Bereitschaft, bei geringen Anlässen aufeinander loszugehen und gewalttätig zu werden, hatte ein solches Ausmaß angenommen, dass die Schulleitung angekündigt hatte, die betreffenden Schüler im Wiederholungsfall von der Schule zu weisen. Nun war es so weit. Der Direktor war entschlossen, ein Exempel zu statuieren.

Ihre Klassenlehrerin ließ sie zu sich rufen. Trotzig erzählten sie, wie es zu der Prügelei gekommen war. Sie schienen keine Vorstellung davon zu haben, was es für sie bedeuteten würde, von der Schule zu fliegen. Eindringlich führte ihnen die Lehrerin die Konsequenzen vor Augen. Schließlich begannen sie zu begreifen, was für sie auf dem Spiele stand. Hoch und heilig versprachen sie ihr, sich künftig anders zu verhalten.

Sie vertraute ihnen. Sie nahm sie beim Wort. Sie versprach, sich für sie einzusetzen - vorausgesetzt sie wären bereit, ein Trainingsprogramm zur friedlichen Konfliktbewältigung zu absolvieren. Sie sah keinen anderen Weg, um zu verhindern, dass die mühsam überspielte Unsicherheit ihrer Schüler weiterhin urplötzlich in Wut umschlug und sich auf aggressive Weise Bahn brach.

Sie sprach mit dem Direktor. Sie sprach mit den Kollegen. Ihr Einsatz bewirkte, dass die Schüler nicht nur auf der Schule bleiben konnten, sondern den sozialen, zwischenmenschlichen Belangen im Unterricht mehr Gewicht gegeben wurde. Das Klima an der Schule änderte sich. Raufereien und Hänseleien ließen nach. Schwächere Schüler, denen man es nicht zugetraut hatte, schafften den Schulabschluss und fanden einen Lehrstelle. Die meisten haben heute eine feste Anstellung.

So ziehet nun an als die Auserwählten Gottes, als die Heiligen und Ge-
liebten, herzliches Erbarmen, Freundlichkeit, Demut, Sanftmut, Geduld;
und vertrage einer den andern und vergebet euch untereinander, wenn
jemand eine Klage hat wider den andern; gleichwie der Herr euch vergeben hat, so auch ihr.

Kolosser 3,12–13

Wir kennen dein Gebot, einander beizustehen,
und können oft nur uns und unsere Nöte sehen.

EG 235,3
Hans Georg Lotz 1964

Gott, steh uns bei!

Hilferuf

Wo warst du, Gott?

Plakataufschrift

Der Lump! Er existiert nicht!

Ham in
Samuel Becketts „Endspiel"

Wir können nicht redlich sein, ohne zu erkennen, dass wir in einer Welt
leben müssen – „etsi deus non daretur". Und eben dies erkennen wir –
vor Gott! Gott selbst zwingt uns zu dieser Erkenntnis. So führt uns unser Mündigwerden zu einer wahrhaftigen Erkenntnis unserer Lage vor
Gott. Gott gibt uns zu wissen, dass wir leben müssen als solche, die mit
dem Leben ohne Gott fertig werden. Der Gott, der mit uns ist, ist der
Gott, der uns verlässt (Markus 15,34)!

Dietrich Bonhoeffer

Einander beistehen

Klein und blass steht er vor der Haustür und traut sich nicht hinein. Er steht schon eine Stunde da. Sein Junge – 4 Jahre alt – ist gestern im Krankenhaus gestorben. Erst war es nur eine Entzündung. Der Doktor wollte gleich kommen, kam aber erst abends und hat dann gesagt: „Ab ins Krankenhaus!" Vier Wochen lag der Junge da. Es war schon ganz gut. Aber dann kam plötzlich eine Lungenentzündung hinzu und Herzversagen.

Seine Frau wird wieder schreien und weinen, wenn er raufgeht. Wie gestern Abend und die ganze Nacht. Sie wird ihm vorwerfen, dass er den Jungen nicht aus dem Krankenhaus genommen hat, als es ihm besser ging. Da ist er zum Doktor gegangen und hat ihm die Meinung gesagt. Warum er nicht gleich gekommen ist. Aber der ist nicht mehr der Jüngste und hat auch sein Tun.

Schließlich geht er nach oben. Die Frau hantiert in der Küche. Sie geben sich die Hände, lassen die Köpfe sinken. „Ich war drüben beim Doktor und habe ihm die Meinung gesagt." – „Du hast wohl sehr gebrüllt?" – „Ne, gar nicht, nur am Anfang. Er hat ja zugegeben: Sagen muss ihm das einer." – „Hast noch nichts gegessen. Iss erst mal was." Er zittert heftig, während er isst. Die Frau weint nebenan. Später trinken sie zusammen eine Tasse Kaffee am Herd.

Eine Szene aus Döblins Roman „Berlin Alexanderplatz". Sie verweist auf Dinge im Leben, denen man kaum gewachsen ist. Man fragt sich verzweifelt: Warum? Und steht doch ohnmächtig daneben. Dann hilft es nicht, übereinander herzufallen, einander die Schuld zuzuschieben, wie es immer wieder geschieht in solchen Fällen. Es wird nichts besser dadurch, höchstens schlimmer.

Besser ist es, einander beizustehen: „Iss erst einmal was." Eine gemeinsame Tasse Kaffee am Herd. Es sind oftmals die kleinen, alltäglichen Gesten gegenseitigen Verstehens, die uns helfen, den Herausforderungen des Lebens gegenüber zu bestehen.

So halten wir nun dafür, dass der Mensch gerecht werde
ohne des Gesetzes Werke, allein durch den Glauben.

Römer 3,28

Es ist das Heil uns kommen her
von Gnad und lauter Güte;
die Werk, die helfen nimmermehr,
sie können nicht behüten.
Der Glaub sieht Jesus Christus an,
der hat für uns genug getan,
er ist der Mittler worden.

EG 342,1
Paul Speratus 1523

Wie komme ich dazu, immer etwas sein zu müssen,
anstatt ganz einfach zu sein?

Heinrich Zimmer

Was immer wir als Sinn unseres Lebens bestimmt haben, müssen wir
vor dem Gerichtshof der allgemeinen Meinung rechtfertigen. Man kann
nicht einfach sagen: „Ich persönlich sehe den Sinn meines Lebens darin, Haselmäuse zu ersticken", und hoffen, damit durchzukommen. ...

Terry Eagleton

Dumme Gedanken
Wer nicht arbeitet, kommt auf dumme Gedanken? Immer nur dumm
können sie doch nicht sein: die antiken Philosophen und Dichter, als
geistige Väter des Abendlandes hoch gelobt, haben selten im Sinne der
bürgerlichen oder sozialistischen Ökonomie „gearbeitet". Und Jesus? Er
hat eines Tages seine Arbeit an den Nagel gehängt und ein paar Fischer und Zöllner dazu verführt, es ihm gleichzutun.

Kurt Marti

Einfach da sein

„Leben heißt für mich, einfach da sein", hatte Jürgen gesagt. „Mich freuen, dass ich bin." Die Schülerinnen und Schüler des Religionskurses diskutierten über den Sinn des Lebens. Es ging lebhaft zu. Eine jener Stunden, die man nicht vergisst: Hier und da ein wenig lenken, ein paar Impulse geben, alles andere ergibt sich wie von selbst. Höhepunkt für jeden Lehrer.

Wie er denn das meine, wurde Jürgen gefragt. „Auf einer Wiese liegen und die Wolken dahinziehen sehen ... Kein Druck, keine Erklärungen, einfach da sein, das ist es", hat er geantwortet.

Die nächste Stunde hatte er Französisch. Nicht gerade seine Stärke. Spätestens beim Halbjahreszeugnis würde er quittiert bekommen, dass es nicht immer damit getan ist, einfach da zu sein. Sondern dass man genügen muss: Erwartungen, Anforderungen, Normen. Wer sie nicht erfüllt, bekommt es schnell zu spüren. Beurteilungen und Zensuren sind allgegenwärtig. Das ist Gesetz. Nicht nur in der Schule. Auch im Beruf. Ein Leben lang.

Eines Tages heißt es: „Sie bringen das nicht mehr. Sie sind zu alt. Wir können Sie nicht mehr gebrauchen." Selbst unter Freunden und Partnern kann man das hören: „Du warst auch schon mal besser. Bringst du nicht einmal mehr das zustande?" Immer wird beurteilt, werden Zensuren verteilt. Meistens nach Leistung und Erfolg.

Man kann Jürgen nur wünschen, dass er in seinem Leben etwas von dieser Freude am Dasein erfahren hat: „Einfach da sein, mich freuen, dass ich bin." Dass er jemand gefunden hat, dem er sich nicht erst beweisen musste, der ihn angenommen hat, wie er ist. Jemand, der zu ihm steht, unabhängig davon, was er zu leisten vermag.

Zu wünschen ist auch, dass er diese Erfahrung an seine Kinder weitergibt, wenn sie mit ihren Zeugnissen nach Hause kommen: „Ich hab euch nicht lieb, weil in euren Zeugnissen so viele gute Zensuren stehen. Und ich lehne euch nicht ab, wegen der schlechten Zensuren. Ihr seid mir wichtiger als alle Zensuren auf der Welt."

Denn bei dem Herrn ist die Gnade und viel Erlösung ist bei ihm.

Psalm 130,7b

Du hast zu deinem Kind und Erben, / mein lieber Vater, mich erklärt;
Du hast die Frucht von deinem Sterben, / mein treuer Heiland, mir ge-
währt; / Du willst in aller Not und Pein, / o guter Geist, mein Tröster
sein.

EG 200,2
Johann Jakob Rambach 1735

Gott schaut dich, wer immer du seist,
so, wie du bist, persönlich.
Er ruft dich bei deinem Namen.
Er sieht dich und versteht dich, wie er dich schuf.
Er weiß, was in dir ist, all dein Fühlen und Denken,
deine Anlagen und deine Wünsche,
deine Stärke und deine Schwäche.
Er sieht dich an deinem Tag der Freude
und an deinem Tag der Trauer.
Er fühlt mit deinen Hoffnungen und Prüfungen.
Er nimmt Anteil an deinen Ängsten und Erinnerungen,
an allem Aufstieg und Abfall deines Geistes,
Er umfängt dich rings
und trägt dich in seinen Armen.
Er liest in deinen Zügen,
ob sie lächeln oder Tränen tragen,
ob sie blühen an Gesundheit oder welken in Krankheit.
Er schaut zärtlich auf deine Hände und deine Füße.
Er horcht auf deine Stimme,
das Klopfen deines Herzens,
selbst auf deinen Atem.
Du liebst dich nicht mehr, als er dich liebt.

Paul Newman

Sie hatte vergeblich versucht, ihn zurückhalten. Diesen Krieg darf Deutschland auf keinen Fall verlieren, hatte er gemeint. Dann war er losgezogen, um mit seinen Männern die Stadt vor den heranrückenden Engländern zu verteidigen. Kurz vor Ende Krieges kehrten einige der Männer zurück und tauchten in Zivilkleidung unter.

Als sie davon hörte, hatte sie ihren Ältesten losgeschickt. Er sollte bei einem der Männer nachfragen, wo sein Vater geblieben sei. Als der Junge wiederkam, hielt er eine Postkarte in der Hand. In dürren Worten war darauf zu lesen: „Am 21. April gefallen für Großdeutschland. Mit deutschen Gruß …"

Sie war seltsam gefasst. Sie muss damit gerechnet haben. Sie sagte nichts. Sie stand nur da. Kein Schreien, kein Schluchzen, kein Weinen. Als habe sie nur darauf gewartet, ging sie zum Bücherregal und nahm ein Buch heraus. Sie hatte es lange nicht mehr in der Hand gehabt. Sie setzte sich an den Tisch: „Dann kann ich ja wieder die Bibel lesen."

Als sie die Bibel aufschlug, blieben ihre Augen an einem Vers aus dem Jesajabuch hängen: „Ich habe mein Angesicht im Augenblick des Zorns ein wenig vor dir verborgen, aber mit ewiger Gnade will ich mich deiner erbarmen, spricht der Herr, dein Erlöser." (Jesaja 54,7)

Die Worte waren eine Erlösung für sie. Sie hielten sie am Leben. Sie trösteten sie. Sie gaben ihr Kraft, ihre Kinder großzuziehen. Als sie aus dem Gröbsten heraus waren, ist sie gestorben. Sie konnte nicht mehr. Ihre Kräfte waren verbraucht.

Viel ist nicht von ihr geblieben. Nur die Erinnerung an sie und ihre Bibel. Man sieht ihr an, dass sie viel darin gelesen hat. Nicht nur dem Einband, sondern auch einzelnen Seiten, auf denen von vorn bis hinten etliche Verse unterstrichen und mit Anmerkungen versehen sind. Darunter auch die Worte aus dem Buch Jesaja.

Die Fremdlinge sollt ihr nicht bedrängen und bedrücken;
denn ihr seid auch Fremdlinge in Ägyptenland gewesen.

2. Mose 22,20

Du bist meine Zuflucht. Du bist meine Hoffnung.
Du bist meine Stärke. Lass mich nicht allein!
Wenn mich Schläge treffen und ich schutzlos bin,
leih mir deinen Mantel und hüll mich darin ein.
Alles, was ist, das wird vergehn,
Gott, deine Liebe wird bestehn.

Brasilien, dt.: D. Ristoff und F. K. Barth

Gott,
du bist Asyl, Zuflucht der Menschen.
Solange, Gott,
Menschen vor Menschen fliehen müssen,
solange sie mit Bündeln auf den Köpfen,
Wasserkanistern in den Händen über die Straßen ziehen,
solange sie sich mit wenig Gepäck
und verzweifelter Hoffnung
über die Grenzen auch in unser Land retten,
solange die Menschen millionenfach auf der Flucht sind:
Mach uns zu gastlichen Menschen,
einige uns in der Hilfsbereitschaft,
befreie uns von der Angst vor den Fremden,
die doch in Wahrheit unsere Schwestern und Brüder sind.
Gib auch uns Asyl, Gott,
lass uns Zuflucht finden bei dir
mit unseren Sorgen, mit unseren Zweifeln,
mit unseren unruhigen Gedanken.
Lass uns finden, Gott, wo der Himmel ist.

Annette Armbrüster und Wolfgang Armbrüster

Skinheads hatten einen 25-jährigen Ghanaer aus einem fahrenden Zug geworfen. Man fand ihn am nächsten Morgen am Bahndamm liegen, mit Schädelbruch, Stichwunden und zertrümmertem Bein. Man brachte ihn ins Krankenhaus. Das Bein konnte nicht gerettet werden. Es wurde amputiert.

Ein Ehepaar hatte davon gelesen. Es besuchte ihn im Krankenhaus. Nach der Entlassung nahmen die beiden den Afrikaner bei sich auf. Eins der vier Zimmer in der 69 Quadratmeter großen Wohnung bewohnt nun der Mann aus Afrika. Die anderen drei Zimmer mussten sich die Eltern mit ihren zwei Kindern teilen. Sie wurden, kaum dass der Afrikaner bei ihnen wohnte, von Nachbarn beschimpft und angefeindet. Sie mussten sich Drohungen anhören, dass es ihnen auch bald so ergehen würde wie dem „Nigger".

Wenig später wurde der Afrikaner abermals im Zug von Skinheads angegriffen. Die anderen Fahrgäste sahen zur Seite und kümmerten sich nicht darum. Da er wegen seines amputierten Beines nicht weglaufen konnte, versuchte er die Angreifer mit einer Gaspistole in Schach zu halten. Es hätte ihm nicht geholfen, wenn ihn nicht die Schaffnerin und der Lokführer schließlich befreit hätten.

Seither kann der Mann aus Ghana nicht mehr schlafen. Er weint viel, braucht Beruhigungsmittel und läuft nachts in der Wohnung herum. Die Familie hält zu ihm. „Wir sind keine Helden", sagen die Eltern, „wir verhalten uns ganz normal." Darüber ließe sich sicher streiten. Darüber, dass wir alle keine Helden sind, ganz bestimmt nicht. Wie würden wir uns verhalten in einer solchen Situation?

In den neuen Bundesländern, wo die Geschichte sich ereignet hat, sind nur wenige Menschen in der Kirche. Christen sind dort in der Minderheit. Und doch kann man es erleben, dass sich Menschen daran halten, was in der Bibel steht: Fremde beherbergen und Schutz gewähren. Eines der sieben Werke der Barmherzigkeit, von denen die Bibel erzählt.

Der Herr ist mein Hirte, mir wird nichts mangeln.

Psalm 23,1

Vertrauen wagen, können wir getrost,
denn du, Gott, bist mit uns, dass wir leben.

EG 607,1
Fritz Baltruweit 1983

Eine Freundin
backt mir Honigkuchen
Es duftet nach Mutter
schmeckt nach Kindheit
die blüht noch in mir
Bienen trinken Blütensaft
die tote Mutter
schaukelt mein Bett
und singt alte Kinderlieder

Eine Scheibe Honigkuchen
verwandelt die Welt

Rose Ausländer

Wer behauptet, Religion zu haben, muss imstande sein, einen Glauben
daraus zu entnehmen, den er seinen Kindern in der Form von Vertrau-
en weitergeben kann; wer behauptet, keine Religion nötig zu haben,
muss diesen Glauben aus anderen Quellen beziehen.

Erik H. Erikson

Urvertrauen setzt die kritische Ablösung, setzt Entwöhnung und den
Aufbau von Frustrationstoleranz voraus ... Kritisches Vertrauen ist nicht
das Vertrauen auf das durch Gott garantierte Wohlergehen, sondern
auf das auch nicht im Wohlergehen bestehende und sich bewährende
Gottesverhältnis.

Hans Jürgen Fraas

Eingekuschelt in die weiche Decke liegt es da. Das Bettchen ist wie ein warmes Nest liebevoll zurechtgemacht. Neugierig schaut es umher. Es gibt so vieles zu entdecken. Seine dunklen Augen nehmen jede Regung wahr. Das Baby ist erst einige Monate alt und doch zeigt es keine Spur von Ängstlichkeit. Es weiß sich sicher und geborgen.

Die Mutter muss nicht immer in der Nähe des Babys sein. Auch wenn es die Mutter nicht sehen kann, verfällt es nicht gleich in Angst und Panik. Die fürsorglichen Gesten und die liebevollen Blicke sind längst zur inneren Gewissheit geworden. Wenn es dran ist, wird die Mutter wieder zur Stelle sein. Sie wird ihm die Brust zum Trinken geben, es waschen, wickeln und umsorgen.

Und sollte es nachts aufwachen, vielleicht aus schweren Träumen, von Dunkelheit umgeben, und Ängste nach ihm greifen, wird die Mutter da sein, wird es hochnehmen, in den Armen wiegen, mit ihm reden, ein Schlummerlied singen oder beten: „Dies Kind soll unverletzet sein ..."

Die ersten Erfahrungen sind entscheidend für das weitere Leben. Sie begleiten den Menschen sein Leben lang. Vom Anfang bis zum Ende bestimmen sie seine Empfindungen und Gefühle. Sie sind grundlegend für die Einstellung und Haltung, die er in späteren Jahren einnimmt. Sie bilden das Fundament, auf das er bauen kann. Auch wenn ringsum der Boden zu schwanken beginnt, die einmal gemachten Erfahrungen werden ihm helfen, nicht so schnell zu verzagen – vorausgesetzt, sie sind von Geborgenheit und Vertrauen bestimmt.

Wer sich geborgen weiß, sieht die Welt mit anderen Augen: Auch wenn zuweilen Unordnung und Chaos einbricht – er vertraut darauf, dass sie wieder in Ordnung kommt, weil es überall gute und bewahrende Kräfte gibt. Manche Menschen entdecken darin Gottes Hand. Das hat nichts mit Einbildung oder Illusion zu tun. Es beruht auf der Erfahrung, die dahinter steht: Geborgen zu sein.

Ich werde seinen Namen nicht austilgen
aus dem Buch des Lebens, und ich will seinen Namen bekennen
vor meinem Vater und vor seinen Engeln.

Offenbarung 3,5

Doch deine Liebe bleibt und geht mit uns aus dieser Zeit.
Und wer im Buch des Lebens steht, der bleibt in Ewigkeit.

EG 586, 13
Detlev Block 1978

Wenn der Mensch stirbt, ist er weg.

Volksmund

Ist das Leben des Individuums nicht vielleicht ebenso viel wert wie das des ganzen Geschlechts? Denn jeder einzelne Mensch ist schon eine Welt, die mit ihm geboren wird und mit ihm stirbt. Unter jedem Grabstein liegt eine Weltgeschichte.

Heinrich Heine

Näher

Der Blick ins All hinaus lehrt: Es kräht kein Hahn nach uns. Das Geheimnis ist anderswo, es ist näher als das Hemd, das wir tragen. „Das Ich ist das tief Geheimnisvolle" (Ludwig Wittgenstein). Mein Ich; das Ich meiner Du's; das Ich der vielen, die meine Du's zu nennen übertrieben wäre; das Ich jenes Du's aller Ich's, das genannt worden ist: der „Ich bin" (2 Mose 3,14). Ist die Erde der besondere Ort, wo im unermesslichen All des „Es ist" gelebt, gedacht, gesagt werden kann: „Ich bin"?

Kurt Marti

Geheime Welten

„Setzen Sie die Todesanzeige erst einen Tag später in die Zeitung", hatten die Angehörigen vom Bestattungsunternehmer verlangt. „Wir möchten, dass die Beerdigung in aller Stille stattfindet." So verlief sie dann auch. Außer den Angehörigen hatten sich nur ein paar Nachbarn in der Kapelle auf dem Friedhof eingefunden. Teilnahmslos ließen sie die Trauerfeier über sich ergehen. Eine bedrückende Situation.

Beerdigungen wie diese sind keine Seltenheit. Immer häufiger ist in den Todesanzeigen zu lesen, dass die Beerdigung in aller Stille stattgefunden hat. Es scheint ein zunehmendes Interesse zu bestehen, eine Beerdigung möglichst schnell und kostengünstig über die Bühne zu bringen, als käme es überhaupt nicht darauf an, wer da gestorben ist – klammheimlich verschwindet er in einem anonymen Gräberfeld. Ohne jeden Hinweis gerät er in Vergessenheit, als hätte es ihn nie gegeben.

„Jeder Mensch hat seine eigene, geheime, persönliche Welt", heißt es in einem Gedicht des russischen Dichters Jewgenij Jewtuschenko:

Und wenn ein Mensch stirbt, dann stirbt mit ihm sein erster Schnee und sein erster Kuss und sein erster Kampf … all das nimmt er mit sich. … Die Menschen gehen fort … Da gibt es keine Wiederkehr. Ihre geheimen Welten können nicht wiederentstehen. Und jedes Mal möchte ich von Neuem diese Unwiederbringlichkeit hinausschreien.

Tief in uns, sagt Jewtuschenko, ruht die Erinnerung einer ersten Liebe, des ersten Schmerzes, des Fallens des ersten Schnees. Jeder Mensch hat seine eigenen Erlebnisse und Erfahrungen, die nur er mit sich trägt. Deshalb ist jeder Mensch ein unendlich kostbares, einzigartiges Geheimnis. Und wenn ein Mensch stirbt, dann stirbt mit ihm eine ganze Welt, die nicht wiederkehrt.

Eindringlicher kann man nicht ausdrücken, was den Tod eines Menschen ausmacht. Es geschieht voller Anteilnahme, Trauer und Verzweiflung – und nicht gleichmütig wie bei einer stillen Beerdigung.

Also auch, sage ich euch, wird Freude sein vor den Engeln Gottes über
einen Sünder, der Buße tut.

Lukas 15,10

Wir sollen nicht verloren werden, / Gott will, uns soll geholfen sein;
deswegen kam sein Sohn auf Erden / nahm hernach den Himmel ein,
deswegen klopft er für und für / so stark an unsers Herzens Tür.

EG 354,3
Johann Andreas Rothe 1727

Freude ist gespürtes Leben.

Michael Horatczuk

Glück haben ist ‚was Schönes, Gott!
Da freu ich mich immer:
Wenn ich mal was verloren habe und es wieder finde,
oder wenn beinah was passiert wäre
und es ist es dann aber nicht.
Dann macht es so richtig „plumps" in mir.

Oder wenn ich die richtige Antwort weiß in der Schule,
dann fühl ich mich richtig gut
und auch stark.

Aber wenn ich Pech habe, wenn etwas schief geht
Und alle böse mir sind,
das ist gar nicht gut.
Mama sagt, ich könnte ja nicht immer Glück haben.
Trotzdem, Gott,
lass mich nicht so oft Pech haben, bitte!

Klaus Bastian

Voller Verzweiflung hatten sie eben noch nach ihm Ausschau gehalten und seinen Namen gerufen, jetzt konnten sie tief durchatmen und einen Seufzer der Erleichterung loswerden. In einem kurzen Moment der Unachtsamkeit war ihnen der kleine Kerl davongelaufen.

Sie waren zusammen auf dem Schützenfest. Der Jüngste saß noch im Kinderwagen, der etwas Ältere hatte sich daran festgehalten. Vor einem Stand mit ein paar Akrobaten waren sie stehen geblieben. Sie hatten die Kunststücke bestaunt, mit denen zur nächsten Vorstellung eingeladen wurde. Wie gebannt hatten sie zugeschaut. Ob sie hineingehen sollten und die ganze Vorstellung ansehen? Vielleicht war es doch nichts für die Kinder.

Als sie weitergehen wollten, um nach einem Karussell für die Kleinen zu suchen, merkten sie, dass der Junge verschwunden war. Panisches Erschrecken fuhr durch ihre Glieder. Ringsherum dichtes Gedränge, kein Durchblick. Um Gottes Willen, wo ist er hin?

Hilf- und Ratlosigkeit machte sich breit. Die schrecklichsten Gedanken schossen ihnen durch den Kopf. Alles, was sie von Kindesentführungen gehört und gelesen hatten, war plötzlich da. Und als sie gerade losrennen wollten, um ihn in unterschiedlicher Richtung zu suchen, wich die Menschenmenge zufällig auseinander und gab für einen kurzen Augenblick den Blick auf den Jungen frei. Entschlossen strebte er auf seinen kurzen Beinen einem Kinderkarussell entgegen. Nach wenigen Metern waren sie bei ihm. Völlig ahnungslos über den Schreck, den er den Eltern eingejagt hatte, wies er verzückt mit der Hand auf das Karussell.

Es war wohl weniger als eine Minute gewesen, dass sie ihn vermissten – den Eltern schien es wie eine Ewigkeit. Was hätte nicht alles passieren können? Gegenseitige Vorwürfe und Vorhaltungen hatten in der Luft gelegen. Sie waren ihnen erspart geblieben. Es hätte anders kommen können. Sie waren bewahrt worden. Sie hatten den Jungen wiedergefunden.

MITTEN IM LEBEN

Halleluja! Ich danke dem Herrn von ganzem Herzen im Rate der Frommen und in der Gemeinde. Groß sind die Werke des Herrn; wer sie erforscht, der hat Freude daran.

Psalm 111,1–2

Es steht in keines Menschen Macht,
dass sein Rat wird ins Werk gebracht
und seines Gangs sich freue;
des Höchsten Rat, der macht's allein,
dass Menschenrat gedeihe.

EG 497,2
Paul Gerhard 1653

Wer Ratschläge wie Schläge erteilt, braucht sich nicht wundern,
dass sie keiner befolgt.

Volksmund

unerhörte Fragen

wie
trage ich
bin mir selbst zu schwer
wie
nähre ich
im Hunger gefangen
wie
sage ich ja
zu dem, was drinnen wächst
hab nie
ein Jawort gehört

Christa Peikert-Flaspöhler

„Wenn die Frauen zu mir kommen, scheint eine Beratung gar nicht mehr möglich zu sein. Die Entscheidung steht meistens schon fest", sagt die Sozialarbeiterin. Sie ist Schwangerschaftskonfliktberaterin bei der Diakonie.

Sie könnte es sich einfach machen, ein paar klärende Fragen stellen und nach den entsprechenden Antworten den Schein ausfüllen, der Voraussetzung für eine straffreie Abtreibung ist. Aber das will sie nicht. Sie will sicher sein, dass die Frauen zu ihrer Entscheidung stehen können.

Die wirklichen Gründe kommen erst zur Sprache, wenn sie einen Draht zu den Frauen gefunden hat: die zerbrochene Beziehung, die ablehnende Haltung des Partners, wirtschaftliche Schwierigkeiten, das berufliche Fortkommen, die Angst, als Mutter zu versagen, die völlige Ablehnung eines Kindes. Sie will die Frauen damit nicht allein lassen. Sie hilft ihnen, Klarheit über ihre wirklichen Motive zu gewinnen, damit sie mit ihrer Entscheidung leben können.

„Belastet Sie das nicht", wurde sie gefragt, „wenn Sie nach der Beratung den Schein ausstellen, der den Eingriff ermöglicht?" Sie überlegt eine Weile. Dann gibt sie zu verstehen: „Meine Beratung ist ja neutral. Ich beeinflusse die Frauen nicht. Sie bleiben verantwortlich für ihre Entscheidung. Aber ich weise auf Alternativen hin, auf Hilfe seitens des Staates, auf Unterstützung durch den landeskirchlichen Notlagenfond, die Diakonie, die „Mutter-Kind-Stiftung" usw. Ich zeige auf, wie das Leben auch mit einem Kind gelingen kann, auch wenn es erst einmal nicht gewollt ist."

Als ihre dringlichste Aufgabe als Schwangerschaftskonfliktberaterin sieht sie allerdings an, die Frauen seelsorgerlich zu begleiten, wenn sie trotz allem keinen anderen Ausweg als den Abbruch sehen. Für sie gilt, dass Gott niemanden in einer schwierigen Lage im Stich lässt. Trotzdem sind es besondere Glücksmomente für sie, wenn Frauen später zu ihr kommen mit einem Kind auf dem Arm und ihr gestehen: „Wenn Sie nicht gewesen wären, wäre mein Kind auch nicht."

Vor einem grauem Haupt sollst du aufstehen und die Alten ehren und sollst dich fürchten vor deinem Gott; ich bin der Herr.

3. Mose 19,32

Selig, die Verständnis zeigen
für meinen stolpernden Fuß
und meine lahmende Hand.

Selig, die begreifen,
dass mein Ohr sich anstrengen muss,
um alles aufzunehmen,
was man mit mir spricht.

Selig, die zu wissen scheinen,
dass meine Augen trübe
und meine Gedanken träge geworden sind.

Selig, die mit freundlichem Lächeln verweilen,
um ein wenig mit mir zu plaudern.

Selig, die niemals sagen:
„Diese Geschichte haben Sie mir
heute schon zweimal erzählt!"

Selig, die verstehen,
Erinnerungen an frühere Zeiten
in mir wachzurufen.

Selig, die mich erfahren lassen,
dass ich geliebt, geachtet bin
und nicht allein gelassen bin.

Selig, die in ihrer Güte
die Tage erleichtern,
die mir noch bleiben
auf dem Weg in die ewige Heimat.

Aus Afrika

Aber das Zusammenleben der Generationen gehört auch zur Kultur eines Landes. Mir geht es vor allem um die Würde der Alten in unserem Land. Sie sind nicht nur Objekte oder gar Last, sondern Menschen wie du und ich, die wir schätzen und respektieren sollten, gerade da, wo manches langsamer und schwächer wird.

Margot Käßmann

Großvater und Enkel

Es war einmal ein steinalter Mann, so erzählt ein Märchen der Brüder Grimm, dem waren die Augen trüb geworden, die Ohren taub, und die Knie zitterten ihm. Wenn er nun bei Tische saß und den Löffel kaum halten konnte, schüttete er Suppe auf das Tischtuch und es floss ihm auch etwas wieder aus dem Mund. Sein Sohn und dessen Frau empfanden Ekel und deswegen musste sich der alte Großvater endlich hinter den Ofen in die Ecke setzen und sie gaben ihm sein Essen in ein irdenes Schüsselchen und noch dazu nicht einmal satt; da sah er betrübt nach dem Tisch und die Augen wurden ihm nass.

Einmal auch konnten seine zitterigen Hände das Schüsselchen nicht festhalten, es fiel zur Erde und zerbrach. Die junge Frau schalt, er sagte aber nichts und seufzte nur. Da kaufte sie ihm ein hölzernes Schüsselchen für paar Heller, daraus musste er nun essen.

Wie sie da so sitzen, so trägt der kleine Enkel auf der Erde kleine Brettlein zusammen. „Was machst du da?", fragte der Vater. „Ich mache ein Tröglein", antwortete das Kind, „daraus sollen Vater und Mutter essen, wenn ich groß bin." Da sahen sich Mann und Frau eine Weile an, fingen endlich an zu weinen, holten alsbald den alten Großvater an den Tisch und ließen ihn von nun an immer mitessen, sagten auch nichts, wenn er ein wenig verschüttete.

„Du sollst vor grauem Haar aufstehen, das Ansehen eines Greises ehren und Gott fürchten", heißt es in der Bibel (3 Mose 19,32). Der Spruch weist darauf hin, dass die größte Kulturleistung eines Volkes in der Achtung alter und hilfsbedürftiger Menschen besteht. Das Märchen führt uns vor Augen, was es bedeutet, wenn sie verloren geht: Das irdene Schüsselchen wird zum Trog, aus dem sonst nur Tiere fressen. Damit es nicht so weit kommt, gehört die Sorge um die alten Menschen zu den vornehmsten Pflichten der mittleren Generation. Für sie ist das 4. Gebot bestimmt und nicht für kleine Kinder.

Mitten im Leben

Lobe den Herrn, meine Seele,
und was in mir ist, seinen heiligen Namen!
Lobe den Herrn, meine Seele,
und vergiss nicht, was er dir Gutes getan hat.

Psalm 103,1–2

Nun lob, mein Seel, den Herren, was in mir ist, den Namen sein.
Sein Wohltat tut er mehren, vergiss es nicht, o Herze mein.
Hat dir dein Sünd vergeben und heilt dein Schwachheit groß,
errett dein armes Leben, nimmt dich in seinen Schoß,
mit reichem Trost beschüttet, verjüngt dem Adler gleich;
der schafft Recht, behütet, die leidn in seinem Reich.

EG 289,1
Johann Gramann 1540

Wäre das Wort „Danke" das einzige Gebet,
das du je sprichst, so würde es genügen.

Meister Eckhart

Herr! Schicke, was du willst,
Ein Liebes oder Leides;
Ich bin vergnügt, dass beides
Aus deinen Händen quillt.

Wolltest mit Freuden
Und wolltest mit Leiden
Mich nicht überschütten!
Doch in der Mitten
Liegt holdes Bescheiden.

Eduard Mörike

Gutes erfahren

Es gibt Geschichten, die erzählen, wie das Leben gelingt. Eine davon habe ich zufällig im Fernsehen aufgeschnappt. Sie erzählte vom sehnlichen Wunsch einer Großmutter, ihren Enkelsohn endlich einmal bei sich zu haben. Aber der Junge ist erst drei Jahre alt, wohnt weit weg in New York, sie selbst in Florida.

Schließlich gibt ihre Tochter dem Drängen der Mutter nach. Der Junge darf zur Oma fliegen und dort eine Weile bleiben. Die Oma ist überglücklich. Täglich geht sie mit ihm an den Strand, kauft ihm Schaufel und Eimer als Strandspielzeug und eine Schirmmütze zum Schutz gegen die Sonne. Sie kann sich nicht satt sehen an dem süßen Fratz, wie er da sitzt und spielt.

Plötzlich kommt eine große Welle, erfasst den Jungen und reißt ihn mit sich fort ins Meer. Entsetzt fällt die Großmutter auf die Knie, ringt die Hände und schreit zu Gott: „Was machst du? Er ist mein ein und alles. Ein kleines, unschuldiges Kind. Gib ihn mir wieder. Ich tue alles, was du willst." Sie bittet und fleht, ruft und klagt, damit sie ihn nur wiederkriegt.

Da kommt die Welle zurück, trägt mit sich den Jungen, läuft sanft aus auf dem Strand und setzt den Jungen unversehrt an der gleichen Stelle ab, als wäre nichts geschehen. Überglücklich schließt die Frau den Jungen in die Arme. Schließlich faltet sie die Hände zu einem Dankgebet. Sie preist die Güte Gottes, lobt sein Erbarmen ... bis ihr Blick noch einmal auf den Jungen fällt. Stutzend unterbricht sie ihr Gebet und fragt empört: „Und wo ist die Mütze?"

Eine Geschichte zum Schmunzeln. Der Mann, der sie erzählte, hat einiges mitgemacht. Hat den 2. Weltkrieg mit allen seinen Wirrungen durchgemacht, wurde verfolgt, unterdrückt und drangsaliert. Davongekommen, hat er's auch hinterher nicht immer leicht gehabt. Wie er denn zu seinem Leben stehe, wurde er gefragt. Da hat er diese Geschichte erzählt. Und wollte wohl damit sagen: Auch wenn's im Leben nicht immer so läuft, wie du es dir wünscht, und es etwas zu beklagen gibt: Vergiss nicht das Gute, das du erfahren hast.

Der Gerechte wird grünen wie ein Palmbaum, er wird wachsen wie eine Zeder auf dem Libanon. Die gepflanzt sind im Hause des Herrn, werden in den Vorhöfen unseres Gottes grünen. Und wenn sie auch alt werden, werden sie dennoch blühen, fruchtbar und frisch sein, dass sie verkünden, wie der Herr es recht macht; er ist mein Fels, und kein Unrecht ist an ihm.

Psalm 92,13–16

Keiner kann allein Segen sich bewahren. /
Weil du reichlich gibst, müssen wir nicht sparen./
Segen kann gedeihn, wo wir alles teilen, /
schlimmen Schaden heilen, lieben und verzeihn.

EG 170,2
Dieter Trautwein 1978

… was sich alle Sterblichen wünschen: die Hoffnung auf Kontinuität. … Schöpferische alte Menschen können diese Empfindungen der Kontinuität auch durch ihre literarischen oder künstlerischen Leistungen gewinnen oder durch etwas, das es ihnen ermöglicht, dazu beizutragen, die Welt ein wenig besser zu machen.

Lily Pincus

Es wird den Menschen oft geraten, sich auf ihr Alter „vorzubereiten".Wenn es sich aber nur darum handelt, Geld auf die Seite zu legen, einen Alterssitz zu wählen oder Hobbys anzufangen, dann wird einem, wenn es so weit ist, wenig geholfen sein. Besser ist es, nicht zu viel ans Alter zu denken, sondern ein möglist engagiertes und möglichst gerechtfertigtes Menschenleben zu leben, an dem man auch dann noch hängt, wenn jede Illusion verloren und die Lebenskraft geschwächt ist.

Simone de Beauvoir

Herr von Ribbeck auf Ribbeck im Havelland

Die Jungen und Mädchen, die in Holzpantinen daherkamen, die gibt es nicht mehr. Aber den Herrn von Ribbeck auf Ribbeck im Havelland, von dem Theodor Fontane in seinem gleichnamigen Gedicht erzählt, den gibt es immer noch. Nach allem, was man weiß, hat er wirklich zur „goldenen Herbsteszeit" an die Jungen und Mädchen, die an seinem Garten vorbeigingen, Birnen verteilt. Und sich auch eine Birne mit ins Grab legen lassen, als der Alte 1759 „lobesam ... zu sterben kam".

Den „neuen" von Ribbeck, der „knausert und spart", hat Fontane allerdings hinzuerfunden. Durch diesen Kunstgriff erhält die Geschichte ihren tieferen Sinn. Weil der Alte – „vorahnend schon und voller Misstrauen gegen den eigenen Sohn" – sich die Birne ins Grab legen lässt, bleiben den nachfolgenden Generationen seine Wohltaten erhalten. Aus der vergrabenen Frucht wächst geheimnisvoll ein Keim heran und wölbt sich alsbald als Birnbaum über dem Grab.

Und kommt ein Jung übern Kirchhof her, / so flüstert's im Baume: „Wiste 'ne Beer?" / Und kommt ein Mädel, so flüstert's: „Lütt Dirn, / kumm man röwer, ick gew di 'ne Birn." / So spendet Segen noch immer die Hand / des von Ribbeck auf Ribbeck im Havelland.

Ist es zu viel gesagt, dass von Ribbeck durch seine Wohltat den Tod überwunden hat? „Der Gerechte wird grünen wie ein Palmbaum", heißt es im 92. Psalm. „Und wenn sie auch alt werden, werden sie dennoch blühen, fruchtbar und frisch sein." Man muss nicht von Ribbeck heißen, damit diese Worte in Erfüllung gehen. In der Immanuel Kirchengemeinde in Laatzen werden 15 Schülerinnen und Schüler von älteren Menschen betreut. Die Kinder erhalten nicht nur eine warme Mahlzeit, sondern werden auch bei der Erledigung der Hausaufgaben unterstützt. Die Erfahrung und das Wissen der Älteren werden ihnen zum Segen – wie im Gedicht des Herrn von Ribbeck auf Ribbeck im Havelland.

Und wer aber Ärgernis gibt einem dieser Kleinen, die an mich glauben, dem wäre besser, dass er ein Mühlstein an seinen Hals gehängt und er ersäuft würde im Meer, wo es am tiefsten ist.

Matthäus 18,6

Kind, du bist uns anvertraut, wozu werden wir dich bringen?
Wenn du deine Wege gehst, wessen Lieder wirst du singen?
Welche Worte wirst du sagen und an welches Ziel dich wagen?

Friedrich Karl Barth

Versuchung, christl. Glaubenslehre: die von Gott zugelassene sittl. Erprobung des Menschen und Verlockung zur Sünde. Da niemand über seine Kräfte versucht werde, vermöge der Mensch die V. zu bestehen (1. Kor. 10, 13).

Brockhaus-Lexikon

Gott versucht zwar niemand; aber wir bitten in diesem Gebet, dass uns Gott behüte und erhalte, damit uns der Teufel, die Welt und unser Fleisch nicht betrüge und verführe in Missglauben, Verzweiflung und andere große Schande und Laster; und wenn wir damit angefochten würden, dass wir doch endlich gewinnen und den Sieg behalten.

Martin Luther
Der kleine Katechismus

Gott hat viele Namen, aber er kann niemals der „Versucher" heißen – der Versucher ist immer der andere, der Menschenfeind. Darum wäre ich auch froh, wenn jene Neutestamentler recht hätten, die behaupten, dass die sechste Bitte des Vaterunsers – aufgrund des aramäischen Urtextes – in der deutschen Übersetzung lauten müsste: „und rette uns aus der Versuchung".

Heinz Zahrnt

84

„Nimm doch! Nimm doch!", flüsterte das kleine Mädchen ihrem älteren Bruder zu. Soeben hatten die beiden eine Besuchergruppe durch die Kirche geführt. Die Gruppe war überraschend aus dem Westen angereist, um sich ein Bild vom Zustand der historischen Kirchen in Vorpommern zu machen. Als sie an der Pfarrhaustür klopften, hatten ihnen die beiden Kinder geöffnet: Nein, Vater sei nicht da, sie wüssten nicht, wann er wiederkäme.

Die Besucher zeigten sich enttäuscht, zu gern hätten sie die Kirche von innen gesehen. Aber endlos warten konnten sie auch nicht. Da hatte der 12-Jährige angeboten, die Führung anstelle des Vaters zu übernehmen. Die Gruppe war skeptisch gewesen. Umso mehr waren sie begeistert vom seinem Wissen und der Fertigkeit, mit der er sie herumführte.

Es verstand sich ganz von selbst, dass sie dem jungen Führer nach Beendigung des Rundgangs ein paar Münzen für ihn und seine Schwester zustecken wollten. Aber der Junge sträubte sich, sie anzunehmen. „Das Geld von den Führungen ist für die Renovierung der Kirche bestimmt."

„Aber das Geld für die Renovierung der Kirche haben wir schon extra in den Opferstock gesteckt", versuchten sie ihn umzustimmen. „Diese paar Groschen sind einzig und allein für dich und deine Schwester bestimmt."

Er aber wollte sich nicht überreden lassen, so sehr sie ihn auch bedrängten. Da trat leise seine Schwester an ihn heran und flüsterte ihm zu: „Nimm doch! Nimm doch!" Die Aussicht auf das Eis war allzu verlockend. Bedrängt von allen Seiten wusste er sich schließlich nicht mehr zu wehren. Zögerlich nahm er das Geld entgegen.

Bei den Besuchern blieb der Zweifel, ob das Geld nicht doch im Opferstock statt in der Eisdiele landen würde. Und manch einer fragte sich hinterher, ob es nicht richtiger gewesen wäre, die Kinder in ihrer Haltung zu bestärken, anstatt sie in Versuchung zu führen.

Denn wir wissen nicht, was wir beten sollen, wie sich´s gebühret;
sondern der Geist selbst vertritt uns mit unaussprechlichem Seufzen.

Römer 8,26b

Dein Wort ist wahr und trüget nicht
und hält gewiss, was es verspricht,
im Tod und auch im Leben.
Du bist nun mein, / und ich bin dein,
dir hab ich mich ergeben.

EG 473,3
Bei Johannes Eccard 1598

Denn darin liegt ein großes Übel,
dass der Mensch sich Gott in die Ferne rückt.

Meister Eckehart

Nur der Satan ist a se.

Karl Barth

Ich glaube, dass Gott kein zeitloses Fatum ist, sondern dass er auf auf-
richtige Gebete und verantwortliche Taten wartet und antwortet.

Dietrich Bonhoeffer

Der Kern allen Lebens ist Wort, ist Anrede, Zuspruch, Trost. Gott
spricht und ist ansprechbar. Er ist kein stummer Gigant; kein leiden-
schaftsloser Verfüger, der in unbedürftigem Selbstgenügen in sich selber ruht. Der Grund der Welt ist eine Mitteilung und ein Gespräch. „Im
Anfang war das Wort", beginnt das Johannesevangelium. Nicht eisiges
Schweigen also war im Anfang, sondern dieses unruhige Wort, das sich
selber nicht genug war, sondern suchte, dass einer hört; dass einer ins
Gespräch mit ihm eintritt.

Fulbert Steffensky

Ins Beten kommen

Warum beten? Es gibt Menschen, die können nichts mehr anfangen damit. Dabei ist Beten nichts Besonderes. Man kommt
ganz von allein ins Beten, wenn man auf sich gestellt ist und keinen hat, den man um Rat fragen kann.

Als Beispiel erzählt Jesus von einer Witwe: Sie ist allein und
kämpft vor Gericht um ihr Recht. Der Richter ist ein harter
Mann. Ihn kümmert weder Recht noch Gesetz. So sehr die Frau
auch bittet – er schiebt ihre Sache auf die lange Bank.

Aber die Frau denkt gar nicht daran, sich damit abzufinden. Je
länger er sie hinhält, desto häufiger wird sie vorstellig: „He, glaub
ja nicht, dass du mich auf diese Weise loswerden kannst. Ich gebe nicht auf. Ich will mein Recht!" Sie quängelt und drängelt so
lange, bis sie ihm auf die Nerven geht. Schließlich sagt er sich:
„Ich fürchte zwar weder Tod noch Teufel, es ist mir auch egal,
was geredet wird – aber diese Frau wird mir lästig. Ich will ihr
geben, was ihr zusteht, wer weiß, was sich sonst noch einfallen
lässt." (Lk 18,1)

Martin Luther hat dazu gesagt: „Du musst Gott in den Ohren
liegen, bis sie ihm heiß werden. Und höre nicht auf zu beten, bis
du dir sagen kannst: Wohlan, dieses Gebet ist bei Gott erhört."

Denn Gott ist kein abstraktes Wesen, das sich in Schweigen
hüllt, kein Despot, dem es egal ist, wie es uns ergeht. Gott wartet
darauf, dass man mit ihm in Beziehung tritt, wenn man nicht
weiter weiß: He, du! Ich brauch dich, lass mich nicht im Stich.

So war es bei jenem Amerikaner, der im Nahen Osten ent-
führt worden war. Unter Todesandrohung war er anderthalb
Jahre seinen Peinigern ausgeliefert. Einem Mitentführten machte
er Mut und sagte: „Bitte Gott nicht, dich hier herauszuholen, bitte ihn um die Kraft, das hier durchzustehen, und du wirst merken, dass er bei dir ist."

Wer mit Gott spricht, gewinnt Zuversicht. Und vielleicht
kommt er mit Gott und seinem Schicksal ins Reine – auch wenn
nicht alle Wünsche in Erfüllung gehen.

Gesegnet aber ist der Mann, der sich auf den Herrn verlässt und dessen Zuversicht der Herr ist! Er ist wie ein Baum, am Wasser gepflanzt, der seine Wurzeln zum Bach hin streckt. Denn obgleich die Hitze kommt, fürchtet er sich doch nicht, sondern seine Blätter bleiben grün; und er sorgt sich nicht, wenn ein dürres Jahr kommt, sondern bringt ohne Aufhören Früchte.

Jeremia 17,7–8

Jesus Christ, du nur bist / unsrer Hoffnung Licht.
Stell uns vor und lass uns schauen / jene immergrünen Auen,
die dein Wort verspricht, die dein Wort verspricht.

EG 643,3
Marie Schmalenbach 1882

Der Lebensmut kommt nicht allein aus der begründeten Annahme des guten Ausgangs der Dinge. Die Hoffnung auf diesen Ausgang ist oft brüchig. Aber selbst wenn wir innerweltlich keinerlei Lösungen vermuten können, so müssen wir doch handeln, als wäre das Leben möglich und als hätten wir Hoffnung. Was bleibt einem anderes als sich so zu verhalten, als gäbe es Gründe für den guten Ausgang? Hoffnung heißt auch, den Hoffenden zu spielen. Hoffen heißt auch, sich gegen das eigne Herz als Hoffender aufzuführen.

Fulbert Steffensky

Gewiss ist auch die Bedeutung der Illusion für das Leben nicht zu unterschätzen; aber für den Christen kann es sich doch wohl nur darum handeln, begründete Hoffnung zu haben. Und wenn schon die Illusion im Leben der Menschen eine so große Macht hat, dass sie das Leben in Gang hält, wie groß ist dann erst die Macht, die eine absolut begründete Hoffnung für das Leben hat und wie unbesiegbar ist so eine Leben. „Christus unsere Hoffnung" – diese Formel des Paulus ist die Kraft unseres Lebens.

Dietrich Bonhoeffer

Jakob, der Lügner

Jakob kann es nicht fassen. Zufällig hat er im Ghetto die Nachricht aufgeschnappt, dass die Befreier nicht mehr weit sind. Er ist so überwältigt, dass er die Nachricht weitergibt, ohne zu ahnen, was das für Folgen hat.

Die Nachricht breitet sich wie ein Leuchtfeuer aus. Von einem Tag auf den anderen sind die Menschen wie verändert: Die Selbstmordziffern sinken auf Null. Mädchen, die nicht mehr von Hochzeit zu träumen wagten, werden von Neuem zu Bräuten. Alte Schulden beginnen wieder eine Rolle zu spielen, verlegen werden sie schon mal angemahnt.

Ständig bestürmen sie Jakob mit Fragen, wollen immer neue Nachrichten hören. Wie gebannt hängen sie an seinen Lippen, als könnten sie Stück für Stück ihr verlorenes Glück bei ihm einklagen … Doch dann melden sich Zweifel: Woher will er eigentlich wissen, dass die Befreiung naht?

Jakob ist kein Kerl wie ein Baum, groß und stark und allen Stürmen gewachsen. Er ist eher klein und hat auch sonst nicht viel vorzuweisen. Wie kann er es hinkriegen, dass die Leute ihm seine Nachrichten abnehmen und die Hoffnung auf Leben inmitten des Todes nicht gleich wieder stirbt? Ganz einfach: Er muss etwas erfinden.

Jakob Heim, ehemaliger Pufferbäcker, hat bis dahin nur ein einziges Mal etwas erfunden – ein neues Kartoffelpufferrezept mit Weißkäse, Zwiebeln und Kümmel. Aber das lässt sich nicht vergleichen mit dem, was er jetzt zu erfinden hat. Denn Jakob, einer von den kleinen Leuten, weiß nur eins: Dass diese Leute Hoffnung brauchen, nichts als Hoffnung. Und so erfindet er ein Radio und belügt sie weiter. Aus reiner Menschlichkeit.

Vergeblich? – Der Leser des Buches „Jakob, der Lügner" von Jurek Becker weiß doch schon nach wenigen Seiten, dass er wie all die anderen das Ghetto nicht überleben wird. Am Ende rollen Güterwagen voller Menschen in die polnische Nacht – dem Vernichtungslager entgegen. Die Hoffnung stirbt bekanntlich zuletzt, wie man weiß.

Denn er hat seinen Engeln befohlen, dass sie dich behüten auf allen deinen Wegen, dass sie dich auf den Händen tragen und du deinen Fuß nicht an einen Stein stoßest.

Psalm 91,11–12

Unser Leben – ein Weg
Ein langer schöner und schwerer Weg
durch blühendes und ödes Land,
nicht immer mit klarem Ziel und oft in die Irre.
Wir danken dir, Gott:

Du hast uns nicht allein gelassen auf dem Weg.
Dein Wort hat uns geleitet durch gute und böse Zeiten,
auch durch die Irre:

Bleibe bei uns und bring uns ans Ziel.
Lass uns die Hoffnung nicht ausgehen
auf der letzten Strecke des Weges.
Umgib uns mit deiner Liebe, jetzt
und in der Stunde unseres Todes.
Wir bitten dich im Glauben an Jesus, der gesagt hat:
„Ich bin bei euch alle Tage bis an der Welt Ende."

Christian Zippert

Julie Hausmann

Viel ist von ihr nicht überliefert: Julie Hausmann. Eigentlich nur, wie es dazu kam, dass sie eines der berühmtesten Kirchenlieder geschrieben hat: „So nimm denn meine Hände."

Als junge Frau verliebt sie sich in einen jungen Mann, der als Missionar nach Afrika gehen will. Seine Papiere sind schon fertig. Die Abreise steht kurz bevor, als sie sich Hals über Kopf verloben – wenige Tage darauf muss er weg. Sie gibt ihm das Versprechen mit auf den Weg, so schnell wie möglich zu folgen.

Kaum hat sie das Allernötigste zusammen, bricht sie auf. Sie fährt allein. Es ist eine Reise ins Ungewisse. Afrika ist noch wenig erforscht. Sie kennt nur ihren Verlobten und den Namen seiner Missionsstation. Nach langer, strapaziöser Reise mit dem Schiff kommt sie an. Im Hafen ist kein Verlobter zu sehen.

Sie fragt sich durch, heuert einen Führer samt Träger an und bricht ins Landesinnere auf. Was für ein Unterfangen für eine junge Frau, die noch nie allein unterwegs gewesen ist. Sie bewältigt alle Strapazen. Nach tagelangen Märschen kommt sie endlich an. Sie fragt nach ihrem Verlobten – nichts als Kopfschütteln. Endlich findet sie jemanden, der sie versteht und Auskunft geben kann. Er führt sie zum Friedhof der Missionsstation. Dort hat man ihn begraben. Er war kurz nach seiner Ankunft gestorben.

Noch am selben Abend – so erzählt man – hat sie sich hingesetzt und die ersten Zeilen des berühmten Liedes niedergeschrieben:

So nimm denn meine Hände und führe mich,
bis an mein selig Ende und ewiglich.
Ich mag allein nicht gehen, nicht einen Schritt:
Wo du wirst gehn und stehen, da nimm mich mit.

Sie waren wohl ursprünglich als Antwort auf das Versprechen gedacht, dass sie sich nach ihrer Ankunft bei der Trauung geben wollten. Nun ist der Adressat ein ganz anderer, dem Julie Hausmann sich anvertraut und ihr Leben in die Hände legt: Gott.

Mitten im Leben

Der Alten Krone sind Kindeskinder,
und der Kinder Ehre sind ihre (Mütter und) Väter.

Sprüche 17,6

Mit welchem Lebensziel kannst du glaubwürdig sein?
Und in dem, was du tust, zieht ein Stück Himmel ein,
der über dich hinausgeht und weit in die Zukunft ragt,
sagt, wie wir denn handeln sollen,
wenn dein Kind dich morgen fragt.

Fritz Baltruweit 2004

Ein alter Mann ist stets ein fremder Mann.
Er spricht von alten, längst vergangnen Zeiten,
von Toten und verschollenen Begebenheiten ...
Wir denken: „Was geht uns das an?"

Ein alter Held ist nur ein alter Mann.
Wie uns die Jahre trennen!
Erfahrung war umsonst.
Die Menschen starten für das Rennen,
und jeder fängt für sich von vorne an.

Für uns ist er ein Mann von irgendwo.
Ihm fehlt sein Zeitland, wo die Seinen waren,
er spricht nicht unsre Sprache, hat ein fremd Gebaren ...

Und wenn wir einmal alt sind und bei Jahren:
dann sind wir grade so.

Kurt Tucholsky

Ein Schlauberger, so wird erzählt, ging über Land und sah einen Mann, der einen Johannisbrotbaum pflanzte. Er blieb bei ihm stehen und sah ihm eine Weile zu und fragte: „Wann wird das Bäumchen wohl Früchte tragen?" Der Mann erwiderte: „In siebzig Jahren." Da sprach der Schlauberger: „Was bist du nur für ein Tor! Glaubst du allen Ernstes, dass du in siebzig Jahren noch lebst und die Früchte deiner Arbeit genießen kannst? Pflanz lieber einen Baum, der schneller Früchte trägt, an denen du dich noch zu deinen Lebzeiten erfreuen kannst."

Der Mann aber ließ sich nicht stören beim Pflanzen und fuhr ruhig fort. Als er fertig war, betrachtete er voller Freude sein Werk, bevor er antwortete: „Guter Mann, als ich zur Welt kam, da fand ich Johannisbrotbäume im Garten, die nicht ich, sondern meine Vorfahren gepflanzt hatten, und ich aß von den Früchten, die sie trugen. Da ich nun Früchte von Bäumen genießen konnte, die ich nicht gepflanzt hatte, so ist nur recht und billig, dass auch ich einen Baum pflanze, dessen Früchte meine Kinder und Kindeskinder genießen können. Wir Menschen mögen nur bestehen, wenn einer dem andern die Hand reicht."

In Rosdorf bei Göttingen besuchen Kinder des evangelischen Kindergartens und Jugendliche der Anne-Frank-Schule Bewohnerinnen und Bewohner des Seniorenheims „Johannishof". Sie malen und werken miteinander. Wenn vier Hände zusammen ein Kunstwerk gestalten, dann muss man sich einfach näher kommen. Tintenkleckse verwandeln sich in Elche, in Schmetterlinge oder Blumen, wenn man mit dem Strohhalm darauf pustet. Mit ein wenig Phantasie kann man gemeinsam ganz wundersame Dinge entdecken.

Die Bilder und Figuren, die sie auf unterschiedliche Weise gestalten, werden regelmäßig ausgestellt. Die Kinder zeigen sie dann voller Stolz ihren Eltern. Die Alten staunen über ihre künstlerischen Fähigkeiten und empfinden ein neues Selbstwertgefühl. Und beide erleben das hohe Alter nicht als eine Tragödie, sondern als wertvollen Teil des Lebens.

Ich will meinen Geist in euch geben und will solche Leute aus euch machen, die in meinen Geboten wandeln und meine Rechte halten und danach tun.

Hesekiel 36,27

Dein starker Arm, der mich umfängt, hat Schutz und Halt verliehn
und mir das Leben neu geschenkt, als es verloren schien.

EG 586,9; Detlev Block 1978

Die Welt wird kleiner. Vergiss es nicht. Sonst kann es dir passieren, dass du meinst, weit vom Schuss zu sein, und du stehst vor dem Pistolenlauf.

Werner Serner

fragendes Fürwort
wer bin ich
warum bin ich
wie bin ich
wo ich doch nicht so war
was bin ich geworden
wie lange werde ich sein
wem werde ich was gewesen sein
wie oft werde ich noch werden
wann werde ich sagen ich bin
woher wissen wie das ist
wen fragen wie das sein wird
wohin gehen was zu werden
wessen Verlust gewesen zu sein
warum geworden
warum nicht anders geworden
wem sage ich das

Rudolf Otto Wiemer

Kindersoldaten

Er war gerade fünfzehn, als das erste Leben von Alhaji Jallah endete. Regierungssoldaten betraten sein Elternhaus in Freetown, Sierra Leone, Afrika, und schleppten ihn, seinen älteren Bruder und seinen Vater ins Gefängnis. Sein Vater und sein Bruder wurden erschossen. Angeblich hatten sie mit Rebellen zusammengearbeitet.

Ihn ließen sie am Leben. Warum, weiß er nicht. Als Rebellen das Gefängnis stürmten, nahmen sie ihn mit. Er hatte keine Wahl. Zusammen mit anderen Jugendlichen und Kindern musste er für sie kämpfen. Wer zu fliehen versuchte, wurde erschossen. Bei den Überfällen begingen sie unvorstellbare Grausamkeiten – auch an Wehrlosen, Frauen und Kindern.

Es gelang ihm zu entkommen, mit nichts als dem Gewehr in der Hand und den Kleidern, die er am Leib trug. Es gelang ihm, ein Camp einer internationalen Friedenstruppe zu erreichen. Mit einem Hubschrauber wurde er aus dem Busch herausgeflogen. Ein Schiff brachte ihn nach Hamburg. Dort beantragte er Asyl.

„Für die ehemaligen Kindersoldaten ist die Welt aus den Fugen geraten", berichtet Hubertus Adam, Leiter der „Klinik für Kinder- und Jugendpsychiatrie und Psychotherapie" in Hamburg. Er hat sich zur Aufgabe gemacht, diesen Kindern zu helfen. Viele leiden an Schreckhaftigkeit, Schuldgefühlen, haben Albträume, Selbstmordgedanken. Andere fallen in frühere Entwicklungsstadien zurück, fangen wieder an zu nuckeln, nässen ein, trauen sich nicht unter Menschen.

Sie können nicht mehr zurück, merken aber auch, dass sie unerwünscht sind. Die meisten werden abgeschoben, ohne eine Zukunftsperspektive gefunden zu haben. Alhaji konnte bleiben. Er fand Eltern, die ihn adoptierten. Er kann es immer noch nicht glauben. Ihm ist, als sei er von Neuem geboren worden.

Nicht jeder kann ein Kind bei sich aufnehmen. Aber es gibt die Möglichkeiten, Organisationen zu unterstützen, die diese Kinder betreuen. Einmal nicht nur an sich selber zu denken, das wäre, wie selbst von Neuem geboren zu werden.

Und es kam ein Aussätziger, der bat ihn, kniete nieder und sprach zu ihm: Willst du, so kannst du mich wohl reinigen. Und es jammerte ihn, und er reckte die Hand aus, rührte ihn an und sprach zu ihm: Ich will´s tun; sei gereinigt! Und alsbald ging der Aussatz von ihm, und er ward rein!

Markus 1,40–42

Herr, du hast mich angerührt.
Lange lag ich krank danieder,
aber nun die Seele spürt:
Alte Kräfte kehren wieder.
Neue Tage leuchten mir.
Gott, du lebst, ich danke dir.

EG 383,1
Jürgen Henkys 1982

Der Kurzfilm „Das letzte Blatt" erzählt nach einer Novelle von O'Henry die Geschichte eines jungen Mädchens, das seinen bevorstehenden Tod zu ahnen glaubt. Wie im Herbst die Blätter von dem Baum vor ihrem Fenster fallen, so fürchtet es, wird sie mit dem letzten Blatt, das fällt, sterben. Ihre Furcht kann ihr weder durch Argumente, Erzählungen, Plaudereien, Scherze oder Tänze ihrer älteren Schwester genommen werden. Erst der Einfall eines befreundeten Malers, der sich in die Lage des Mädchens hineinversetzt und ein einzelnes Blatt an die gegenüberliegende Hauswand malt, (wobei er verunglückt), vermag das junge Mädchen aus seinen Ängsten zu befreien.

Das letzte Blatt, Polen 1972

Kranke heilen

Er war ein Bild des Jammers. Schlimmer noch: Ein hoffnungsloser Fall. So gut wie tot. Ein Aussätziger, so ist in der Bibel zu lesen, kommt zu Jesus, kniet nieder und bittet ihn: „Willst du, so kannst du mich wohl reinigen." Es jammert Jesus. Der Mann vor ihm ist nicht nur krank, sondern ausgestoßen. Wer Aussatz hatte, wurde ausgesetzt. Er durfte anderen Menschen nicht mehr nahe kommen. Aussatz war ansteckbar. Jesus kümmert sich nicht darum. Er reckt seine Hand aus, rührt ihn an und spricht zu ihm: „Ich will's tun; sei gereinigt." Und der Aussatz geht von ihm. Er wird rein.

Aufgeklärte Menschen tun sich schwer mit solchen Geschichten. Sie wollen eine Antwort auf die Frage, wie das angehen kann. Einen kranke Menschen heilen – nur durch eine Berührung? Als ob es darauf ankommt. Viel wichtiger ist die Beantwortung der anderen Frage: Wie verhalte ich mich gegenüber Kranken? Besonders solchen, die auch heute noch ausgeschlossen werden und denen man lieber aus dem Wege geht: Behinderten, Verwirrten, Menschen mit Aids? Was tue ich, wenn einer von denen allein und verlassen in meiner Nachbarschaft wohnt? Krankheit zerstört Gemeinschaft und zerstörte Gemeinschaft macht krank – aber muss das so sein?

„Dein Glauben hat dir geholfen", sagt Jesus zu Menschen, die von ihm geheilt werden. Er weiß: Körper und Seele gehören zusammen. Darum streckt er die Hand aus, rührt den Kranken an und spricht mit ihm. Er wird in die menschliche Gemeinschaft zurückgeholt.

Kranke brauchen mehr als medizinische Behandlung: Sie brauchen ein freundliches Lächeln, eine zärtliche Geste, einen verständnisvollen Händedruck, ein offenes Ohr. Selbst da, wo die Krankheit unheilbar ist, wird sie erträglicher, wenn Menschen einander nahe sind: Die Stimmung hellt sich auf, Belastungen werden erträglich, Schmerzen werden gelindert, Angst verfliegt.

Es ist aber der Glaube eine gewisse Zuversicht des, das man hofft, und ein Nichtzweifeln an dem, das man nicht sieht.

Hebräer 11,1

Der Himmel, der ist, ist nicht der Himmel, der kommt,
wenn einst Himmel und Erde vergehen.
Der Himmel, der kommt, das ist der kommende Herr,
wenn die Herren der Erde gegangen.
Der Himmel der kommt, das ist die Welt ohne Leid,
wo Gewalttaten und Elend besiegt sind.
Der Himmel, der kommt, das ist die fröhliche Stadt
und der Gott mit dem Antlitz des Menschen.
Der Himmel, der kommt, grüßt schon die Erde, die ist,
wenn die Liebe das Leben verändert.

EG 153
Kurt Marti 1971

Ja, Tod, du bist eine eigene Sache, du Tod du! – Schauerlich durch Rätselhaftigkeit, und wärst vielleicht noch schauerlicher, wenn das Rätsel gelöst wäre.

Johann Nepomuk Nestroy

Bis zu diesem Tage hat noch niemand gesehen, dass die Zugvögel ihren Weg nehmen nach wärmeren Gegenden, die es gar nicht gäbe, oder dass sich die Flüsse ihren Lauf durch Felsen und Ebenen bahnen und einem Meer entgegenströmen, das gar nicht vorhanden wäre. Gott hat gewiss keine Sehnsucht oder Hoffnung erschaffen, ohne auch die Wirklichkeit zur Hand zu haben, die als Erfüllung dazugehört. Unsere Sehnsucht ist unser Pfad, und selig sind, die da Heimweh haben, denn sie sollen nach Hause kommen.

Tania Blixen (1885–1962)

Lohn der Angst

Es gibt Filme, die man nicht vergisst. In „Lohn der Angst" spielen sechs Männer die Hauptrolle. Sie haben einen abenteuerlichen Beruf. Sie fahren Nitroglycerin – einen flüssigen Sprengstoff, hoch explosiv, kaum zu transportieren. Die kleinste Erschütterung genügt, schon fliegt die ganze Ladung mitsamt dem Lastwagen in die Luft. Auf unbefestigten Straßen geht die Fahrt durchs Gebirge, ein wahres Todeskommando. Werden die Wagen ihr Ziel erreichen? Ein Lastwagen nach dem andern explodiert. Lediglich zwei Fahrer scheinen das Unternehmen zu meistern.

Bei einer Panne wird einer der Männer verletzt. Die Wunde infiziert sich. Es sieht schlimm für ihn aus. Während sein Kollege den Lastwagen vorsichtig dem Ziel entgegensteuert, liegt er im Sterben. Er erzählt seinem Kollegen von einer Bretterwand, vor der er als Kind öfter gestanden hat. Er wollte wissen, was hinter ihr ist. Er konnte nicht hinüberschauen, die Wand war viel zu hoch. Er hat sich vorgestellt, dass dahinter etwas Wunderbares verborgen ist.

Da er im Sterben liegt, sieht er sich wieder vor einer solchen Wand. Er fragt sich, was dahinter ist: Der Himmel, das Paradies oder einfach nur das Nichts? Er weiß es nicht. Er weiß nur, dass er bald auf der anderen Seite ist. Was wird dort sein?

Eine Frage, vor der wir alle stehen. Ist mit dem Tod alles aus? So fragen viele. Und viele glauben es. Aber die Bibel weiß von einem Himmel zu erzählen und einer Erde, die nicht vergeht: Gott wird dort bei den Menschen wohnen. Dort auf der anderen Seite wird er mit ihnen sein. Er wird alle Tränen von ihren Augen abwischen. Der Tod wird nicht mehr sein noch Leid noch Geschrei noch Schmerz wird mehr sein. Denn Gott macht alles neu.

Wahrlich, ich sage euch: Wer das Reich Gottes nicht empfängt wie ein Kind, der wird nicht hineinkommen.

Markus 10,15

Gott, lass uns dein Heil schauen,
auf nichts Vergänglichs trauen,
nicht Eitelkeit uns freun;
lass uns einfältig werden
und vor die hier auf Erden
wie Kinder fromm und fröhlich sein.

EG 482,5
Matthias Claudius

Gewiss gibt es überzeugende Beweise dafür, das bestimmte historische Bewusstseinsstufen in der Entwicklungsgeschichte jedes einzelnen Kindes repliziert werden. Doch sollte wir diese Belege nicht mit der Behauptung verwechseln, „wir Spätkömmlinge" oder „wir Erwachsenen" oder wie immer wir uns zu nennen belieben, hätten einen höheren Status der Erkenntnis. Es ist durchaus möglich, dass das Menschengeschlecht in der Morgendämmerung seiner Geschichte über einen Zugang zur Realität verfügte, der später verloren ging, so wie es möglich ist, dass diese Realität in der Kindheit kurzfristig zugänglich ist, während sie danach in einem im Wesentlichen traurigen Prozess des Erwachsenwerdens verloren geht. Träfe dies zu, dann könnte das, was wir gemeinhin als Fortschritt ansehen, tatsächlich die deprimierende Geschichte eines Verlustes an Erkenntnismöglichkeiten sein. Wäre ich ein polytheistischer Theoretiker, würde ich sagen: Die Götter, die einst zu uns sprachen, sind stumm geworden, sie reden nicht mehr. Vielleicht liegt es daran, dass wir so viel Lärm machen.

Peter L. Berger

Luise Hensels Abendlied

Müde bin ich geh zur Ruh,
Schließe beide Augen zu
Vater, lass die Augen dein
Über meinem Bette sein.

Hab ich Unrecht heut getan
Sieh es, lieber Gott, nicht an.
Deine Gnad und Jesu Blut
Machen allen Schaden gut.

Alle, die mir sind verwandt,
Geb ich, Herr, in deine Hand.
Alle Menschen groß und klein,
Sollen dir befohlen sein.

Kranken Herzen sende Ruh,
Müde Augen schließe zu.
Gott im Himmel, halte Wacht.
Gib uns eine gute Nacht.

Dies ist eines der bekanntesten Kindergebete. Die Dichterin, Luise Hensel, die es mit 18 Jahren schrieb, kennt kaum jemand. In Berlin, wo sie in Künstler- und Intellektuellenkreisen verkehrte, wurde sie – jung und liebreizend, wie sie war – von den Männern umschwärmt. Sie ließ sich auf ein Verhältnis mit dem 38-jährigen Clemens Brentano ein, ein Verhältnis, das sie Zeit ihres Lebens als unordentlich und moralisch bedenklich empfand.

Später entzog sie sich dem erotischen Werben Brentanos und suchte ihr Heil im Glauben, konvertierte zum Katholizismus und legte das Keuschheitsgelübde ab. Sie wäre sonst „wahnsinnig geworden", bekannte sie später, oder hätte „ihrem Leben ein Ende gesetzt".

Den Irrungen und Wirrungen ihres Lebens stellte Luise Hensel ihr „Abendlied" entgegen. Es vermittelt eine Welt, die es lange nicht mehr gibt – und eigentlich schon damals nicht mehr gab: eine Welt kindlicher Zuversicht und himmlischen Trostes.

Und trotzdem gibt es heute noch Eltern, die bezeugen, dass sie davon ergriffen sind, wenn sie es beim Zubettbringen mit ihren Kindern beten – obwohl sie sich selber als nicht gläubig bezeichnen.

Denn ein fröhliches Herz ist des Menschen Leben,
und seine Freude verlängert sein Leben

Jesus Sirach 30,23

Wer Gott die Treue hält,
wächst auf wie die immergrüne Palme
und wird groß wie die starken Libanonzedern.
Noch im hohen Alter tragen sie Frucht
und bleiben voll Saft und Kraft.
Ihr Leben bezeugt: Gott tut das Rechte,
auf Gott ist Verlass.

Hanne Köhler

Der von Gott verordnete Inhalt menschlichen Lebens ist Freude. Es ist kaum ein Wort, das so im Mittelpunkt des Alten Testamentes stünde, wie das Wort Freude.

Ludwig Köhler

Ich glaube an das Alter, lieber Freund, Arbeiten und Altwerden, das ist es, was das Leben von uns erwartet. Und dann eines Tages alt sein und noch lange nicht alles verstehen, nein, aber anfangen, aber lieben, aber ahnen, aber zusammenhängen mit Fernem und Unsagbarem, bis in die Sterne hinein.

R. M. Rilke, Briefe 1905

Bis vor kurzen wurde Sexualität im Alter völlig ignoriert. ... Jetzt, wo wir ein wenig mehr von Sexualität im Alter wissen, wird es klar, dass sexuelle Gefühle, Wünsche und Phantasien nie aufhören. ... Für alte Ehepaare, die ihre sexuelle Beziehung genießen, gibt es dafür keine Altersgrenze, selbst wenn der eigentliche Koitus anfängt, eine geringere Rolle zu spielen als das Glück der körperlichen Nähe.

Lily Pincus

Kennen Sie Wim Wenders' „Buena Vista Social Club"? Wer Angst vorm Altwerden hat, sollte sich diesen Film ansehen. Er ist benannt nach einem berühmten Club in Havanna. Und er beginnt damit, wie sich ein amerikanischer Musiker aufmacht, um herauszufinden, was von der einstigen Legende übrig geblieben ist. Vom Gebäude des Clubs ist nichts mehr zu sehen, als er dort ankommt.

Aber er hat Glück: Ein paar der alten Musiker leben noch. Unter ihnen der inzwischen 90-jährige Ibrahim. Er lässt sich wie die anderen überreden, noch einmal aufzutreten. Ein paar jüngere Musiker kommen hinzu für die Verstorbenen – auch eine Sängerin findet sich. Sie setzen sich zusammen und fangen an zu spielen. Und schon sind die gleichen Klänge zu hören – wie vor 50 Jahren.

Was folgt, ist die Geschichte einer grandiosen Wiedergeburt: Es beginnt mit Studioaufnahmen in Havanna, dann folgt ein großer Auftritt in Amsterdam und schließlich wird ihnen ein triumphaler Empfang in New York bereitet.

Zu Beginn des Films sieht man den alten Ibrahim im offenen Fond eines amerikanischen Straßenkreuzers durch Havanna fahren. In Erinnerung an die früheren Zeiten wendet er sich an einen seiner alten Kollegen: „Weißt du noch, wie man eine gute Suppe kocht? Du nimmst ein gutes Stück Hammelfleisch und schmorst es an. Wenn es nicht mehr blutig ist, tust du tüchtig Knoblauch ran, – das wird eine Suppe ... Sieh mich an, ich bin so alt und immer noch gut beieinander. Oder magst du etwa kein Hammelfleisch?"

Man kann Lust aufs Altwerden kriegen, wenn man diese 80- und 90-Jährigen sieht und ihre Musik hört ... Sicher: Die Bibel hat recht, wenn sie sagt: „Lehre uns bedenken, dass wir sterben müssen." Aber, die Lust zu leben, braucht darüber nicht verloren zu gehen.

Denn Gott, der da hieß das Licht aus der Finsternis hervorleuchten, der hat einen hellen Schein in unsere Herzen gegeben, dass durch uns entstünde die Erleuchtung zur Erkenntnis der Herrlichkeit Gottes in dem Angesicht Jesus Christi.

2. Korinther 4,6

Erscheine mir zum Schilde, / zum Trost in meinem Tod,
und lass mich sehn dein Bilde / in deiner Kreuzesnot.
Da will ich nach dir blicken, / da will ich glaubensvoll
dich fest an mein Herz drücken. / wer so stirbt, der stirbt wohl.

EG 85,10
Paul Gerhard 1656

Psalm 90,12
Wie unvernünftig
Menschen zu lieben!
Sehr töricht, HERR LEHRE UNS
Mein Kleines, mein Kindchen
Dass du wachsen wirst
Du immer älter
Dass ich dich so gern habe
Ist ein stetiger
Seelenselbstmordversuch
BEDENKEN
Winziger Greis du
Du Vorfahre, Urahn
Mit dem Totenbettblick
Deiner eigenen Mutter
DASS WIR STERBEN MÜSSEN
Windeln als Leichentuch
Lass uns sterben spielen, komm!

Gabriele Wohmann

104

Einer der Räte am Hof Friedrichs des Weisen in Wittenberg hatte von Martin Luther wissen wollen, wie man sich auf den Tod vorbereiten kann. Er wolle die „ars morendi", die Kunst zu sterben, erlernen. Angesichts der Schreckensbilder, die zu jener Zeit über Sünde, Tod und Teufel vorherrschten, ein verständliches Unterfangen.

Luther schützt zunächst andere Verpflichtungen vor. Wie soll er mit Argumenten gegen die Angst vor dem Jüngsten Gericht ankommen? Worte bewirken da nichts. Schließlich lässt er sich doch darauf ein. Theologisches Denken, das fürs Sterben nichts nützt, nützt auch nichts fürs Leben. So schreibt er den „Sermon von der Bereitung zum Sterben." (1519)

Wenn die schrecklichen Bilder des Todes in der Seele aufsteigen, gibt er dem Regierungsrat zu verstehen, „musst du ... die Augen fest zuhalten vor solchem bösem Blick. Denn dieser Blick verdirbt dich. Darum sieh das himmlische Bild, Christus, an, der um deinetwillen zur Hölle gefahren und von Gott ist verlassen gewesen ... Sieh, in dem Bild ist überwunden deine Hölle ... Lass dir's nur nicht aus den Augen nehmen und suche dich nur in Christus und nicht in dir, so wirst du dich auf ewig in ihm finden."

Im Leben sei es schon richtig, meint Luther, das Bild des Todes vor Augen zu haben. Aber beim Sterben sind das „unzeitige Bilder". Angesichts des Todes, da sollen wir „nur Leben, Gnade und Seligkeit vor Augen haben". Das Bild des Heilandes befreit von den Schreckensbildern der Hölle, der quälenden Selbstreflexion und Zweifeln an sich selbst.

Der im Bild gegenwärtige Christus lässt den Sterbenden nicht allein. Tod, Sünde, Hölle sind in ihm vertilgt. Der ganze Himmel eignet sich dem Sterbenden zu: „Wenn Gott auf dich sieht, so sehen ... alle Engel, alle Heiligen, alle Kreaturen, und wenn du im Glauben bleibst, so halten sie (dir) alle die Hände unter. Geht deine Seele aus, so sind sie da und empfangen sie, du kannst nicht untergehen."

Wachet und betet, dass ihr nicht in Anfechtung fallet!
Der Geist ist willig; aber das Fleisch ist schwach.

Matthäus 26,41

Jesu, hilf siegen. Wenn in mir die Sünde, / Eigenlieb, Hoffart und Miss-
gunst sich regt, / wenn ich die Last der Begierden empfinde / und sich
mein tiefstes Verderben darlegt: / Hilf mir, dass ich vor mir selbst mag
erröten / und durch dein Leiden mein sündlich Fleisch töten.

EG 373,2
Johann Heinrich Schröder 1695

Es kommt wohl vor, dass ich in einer Bitte in so reichliche Gedanken
komme, das ich die anderen ... alle lasse anstehen ... So soll man ...
solchen Gedanken Raum geben, Ihnen mit Stille zuhören und sie
beileibe nicht hindern. Denn da predigt der heilige Geist selbst ..."

Martin Luther

Das Leben ist nicht ein Frommsein, sondern ein Frommwerden
Nicht Gesundheit, sondern ein Gesundwerden,
nicht ein Sein, sondern ein Seinwerden,
nicht nur Ruhe, sondern Übung.
Es ist noch nicht getan oder geschehen,
es ist aber im Gang und im Schwang.
Es ist nicht das Ende, es ist aber der Weg.
Es glüht und glänzt noch nicht alles,
es reinigt sich aber alles.
Wenn es wahr ist, dass ich von Neuem geboren werden muss,
wie Christus sagt,
so kann ich nichts dazu tun, sondern muss leiden und stille halten,
dass er mich schaffe, der mein Vater und Schöpfer ist.

Martin Luther

„Und wie betet man nun richtig?", fragte er Martin Luther. Aber der fand keine Zeit mehr zu antworten. Sein Barbier ging eben daran, ihm Kinn und Wangen einzuseifen, um ihm die Bartsprossen abzunehmen. Und da es – mit dem Rasiermesser am Hals – besser ist, zu schweigen statt zu reden, musste Luther versprechen, ihm schriftlich zu antworten.

Wenig später hielt er ein tatsächlich Büchlein von Luther in den Händen: „Eine einfältige Weise zu beten, für einen guten Freund". Stolz las er darin: „Lieber Meister Peter ich geb's Euch so gut, wie ich's habe und wie ich selber mich beim Beten verhalte … Unser Herr Gott gebe es Euch und jedermann, es besser zu machen. … Ein guter, fleißiger Barbier … muss seine Gedanken, Sinne und Augen gar genau auf das Messer und auf die Haare richten und nicht vergessen, woran er sei, am Rasieren oder am Schneiden. Wenn er aber zugleich viel will plaudern und anderswohin denken oder gucken, würde er einem wohl Maul und Nase, die Kehle dazu abschneiden. … So will auch jedes Ding, wenn es gut gemacht werden soll, den Menschen ganz haben mit allen Sinnen und Gliedern."

Das konnte Meister Peter gut verstehen. Auch dass man „das Gebet morgens früh das erste und abends das letzte Werk sein lasse. Und man (sich) hüte … vor diesen … betrügerischen Gedanken, die sagen: Warte ein wenig, in einer Stunde will ich beten. … Denn mit solchen Gedanken kommt man vom Gebet in die Geschäfte … so dass aus dem Gebet den ganzen Tag nichts wird."

Hätte er sich daran gehalten, wäre das Unheil wohl kaum geschehen. Sein Schwiegersohn hatte Meister Peter – beide im Suff – bis aufs Blut gereizt. Meister Peter hat ihn im Affekt erstochen und wurde zum Tode verurteilt. Luther hat sich für ihn eingesetzt. Er ist begnadigt worden – zur Verbannung unter Einzug des Vermögens. Als Meister Peter am 30. Juli 1535 in die Verbannung zog, hat er – so heißt es – Luthers Gebetbüchlein im Ranzen gehabt und Trost und Zuversicht daraus erfahren.

Und Gott, der Herr, nahm den Menschen und setzte ihn in den Garten
Eden, dass er ihn bebaute und bewahrte.

1. Mose 2,15

Gott liebt diese Welt. Er rief sie ins Leben,
Gott ist's, der erhält, was er selbst gegeben. Gott gehört die Welt.

EG 409
Walter Schulz 1962/1970

Vogelschutz, Maßnahmen zum Schutz der Vögel: v.a. eth. V. (Natur-
schutz, Tierschutz), wirtschaftl. V. (viele einheimische Singvögel ernähren sich bis zu 80% von Schadinsekten). Dem Vogelschutz widmet sich
u.a. der Dt. Bund für V.

Brockhaus-Lexikon

Verlierer und Gewinner – Eine Bilanz der Roten Liste
Die Neuaufnahme der Feldlerche – dem klassischen Brutvogel von Fel-
dern und Wiesen – macht in besonderer Weise deutlich, wie negativ
sich die hoch-intensivierten Formen der Landwirtschaft mittlerweile auf
die Tierwelt ausgewirkt haben.
Neben den Vögeln der Agrarlandschaft, wie Feldlerche oder Rebhuhn,
sind besonders solche gefährdet, die das Grünland besiedeln, darunter
der Kiebitz, das Braunkehlchen und der Wiesenpieper – ein bis vor wenigen Jahren weit verbreiteter und häufiger Wiesenvogel, der nun zum
ersten Mal in die Vorwarnliste aufgenommen werden musste. Neu in
dieser „Warnstufe" sind auch Wespenbussard, Waldschnepfe, Wasser-
ralle, Schwarzkehlchen und Kleinspecht.

Naturschutzbund Deutschland e.V. – NABU
http://www.nabu.de

Klageschrift der Vögel

Eine ganze Weile schon steht Martin Luther am Fenster. Er schaut seinem Diener zu, der unten im Hof mit Netzen hantiert. Er will Vögel damit fangen. Für sechs Drosseln bekommt auf dem Markt einen Silbergroschen. Zufrieden mit sich und der Welt trällert er vor sich hin.

„Na, warte!", murmelt Luther. Er begibt sich an sein Pult, spitzt die Feder, taucht sie ins Tintenfass und beginnt einen Brief zu schreiben. Als er fertig ist, lässt er seinen Diener rufen. Eine Anklageschrift sei bei ihm eingegangen. Er werde der Vorbereitung zur Freiheitsberaubung und zum Mord beschuldigt. Wie bitte? Was? Der Diener ist fassungslos.

Luther liest ihm vor: „Wir Drosseln, Amseln, Finken, Hänflinge, Stieglitze ... lassen Eure Liebe wissen, dass ... Euer Diener sich eines frevelhaften Übermuts unterstanden und einige alte ... Netze ... gekauft habe, um damit einen Finkenherd einzurichten; und dass er uns allen die Freiheit, in der Luft zu fliegen und auf Erden Körnlein zu lesen, von Gott uns gegeben, zu wehren vor hat. Dass er zudem unserm Leib und Leben nachstellt, obwohl wir doch gegen ihn gar nichts verschuldet noch solch ... tückischen Übermut ... verdienet haben."

„Rechtfertige Er sich!", fordert Luther mit strenger Stimme. Der Diener ist ratlos: Alle machen's, das sei immer schon rechtens gewesen. „Und wegen der paar Vögel. Und überhaupt schädigen sie die Ernte!" Wie kommt sein Herr dazu, ihm sein Jagdrecht streitig zu machen?

„Begreift Ihr nicht?", gibt Luther ihm zu verstehen: „Die Freiheit, in der Luft zu fliegen und auf Erden Körnlein zu lesen, ist den Vögeln von Gott gegeben. Ohne jede Not wollt Ihr ihnen das Recht auf Freiheit und Leben verwehren. Unser Herrgott ist der Schöpfer aller Kreaturen, nicht nur von uns Menschen. Es geht nicht um ein paar Vögel. Es geht um den Willen Eures Schöpfers, den Ihr ohne jede Not aus purer Habgier um ein paar Silbergroschen verachtet. Gott hat Euch bestimmt, die Schöpfung zu bewahren, nicht Eurer Profitsucht anheim zu geben."

MITTEN IM LEBEN

Denn du bist mein Fels und meine Burg, und um deines Namens willen wollest du mich leiten und führen.

Psalm 31,4

Vater im Himmel,
ich bitte weder um Gesundheit noch um Krankheit,
weder um Leben noch um Tod,
sondern darum,
dass du über meine Gesundheit und meine Krankheit,
über mein Leben und meinen Tod verfügst
zu deiner Ehre und meinem Heil.
Du allein weißt, was mir dienlich ist.
Du allein bist der Herr,
tue, was du willst.
Gib mir, nimm mir,
aber mache meinen Willen dem deinen gleich.

Blaise Pascal

Selbstvertrauen ist das Vertrauen in Gott:
Er wird mich schon nicht stecken lassen.

Bettina von Arnim

Sobald du dir vertraust, sobald weißt du zu leben.

Johann Wolfgang Goethe

Bin nur eine Körperbehinderte. Bin nur eine, die daneben sitzt, immer nur daneben und nie mittendrin. Bin nur eine, die man gerade noch zur Kenntnis nimmt. Als Partnerin komme ich nicht in Frage. Die andern vergnügen sich auf Partys, und ich bin allein in meinem Zimmer und führe Selbstgespräche. Ich wäre ein glänzender Euthanasiefall. Manchmal wechseln sehr nette Menschen ein paar Worte mit mir, so wie man ein paar Schillinge in den Opferstock wirft.

Josef Dirnbeck / Martin Gutl

110

Margarete Steiff

Es war für sie selbst wie ein Wunder. Jedenfalls im Nachhinein. Denn zunächst war es für sie gar nicht wundervoll. Als Margarete Steiff klein war, erkrankte sie an Kinderlähmung. Die Krankheit lähmte beide Beine und ihre rechte Hand blieb zurück und wurde so schwach, dass sie sie nur mit Mühe bewegen konnte.

Ihre Eltern versuchten alles Mögliche, um die Krankheit zu besiegen. Sie zogen alle möglichen Ärzte im In- und Ausland zur Beratung heran, auch wenn sie nur die geringste Hoffnung auf Besserung in Aussicht stellten. Doch alle Mühe blieb umsonst. Schließlich blieb nichts anderes für sie übrig, als ihr Schicksal anzunehmen und zu sehen, wie sie am besten mit ihrer Krankheit zurechtkommen konnte.

Das war nicht leicht. Margarethe Steiff war von Natur aus ein fröhlicher und lebenslustiger Mensch und wollte gern an allem Anteil nehmen, was jungen Menschen Freude macht. Tanzen zu gehen oder gar Sport zu treiben, wie damals in Mode kam, war für sie nicht mehr möglich. Trotzdem gelang es ihr schon in jugendlichem Alter, zu ihrer Krankheit und der damit verbundenen Behinderung ja zu sagen.

Die junge Frau macht eine Ausbildung als Näherin. Sie fängt an, Teddybären herzustellen und sie zu verkaufen. Die kommen gut an. Bald sind sie so gefragt, dass sie allein nicht mehr genügend produzieren kann. Sie gründet eine Firma. Sie stellt andere Frauen als Näherinnen ein. Die Teddys finden in aller Welt so reißenden Absatz, dass sie immer mehr Menschen anstellen und größere Fabrikhallen bauen muss. Bald sind es mehrere tausend Mitarbeiter, die seit über hundert Jahren Kindern und Erwachsenen auf aller Welt mit ihren Teddys Freude bereiten.

Rückblickend schrieb Margarethe Steiff über ihre Kindheit und Jugend: „Es war ein langes Suchen nach Heilung, bis ich mir eines Tages sagte: Gott hat es für mich so bestimmt, dass ich nicht gehen und laufen kann. Ich muss mich damit abfinden. Ich muss dazu stehen." Im Vertrauen auf Gottes Bestimmung fand sie ein erfülltes Leben.

Gott ist Liebe; und wer in der Liebe bleibt, der bleibt in Gott in Gott in ihm. Darin ist die Liebe völlig bei uns, dass wir Zuversicht haben am Tage des Gerichts; denn gleich wie er ist, so sind auch wir in dieser Welt. Furcht ist nicht in der Liebe, sondern die völlige Liebe treibt die Furcht aus.

1. Johannes 4,16b–18

Herr, hilf uns heilen, hilf uns verbinden,
Ängste zu teilen, Not überwinden,
lass uns mit dir verbunden sein.

EG 601
Matthias Clasen 1986

Unrecht tut oft derjenige, der etwas nicht tut,
nicht nur der, der etwas tut.

Marc Aurel

Wenn wir die Welt schon nicht zum Paradies machen können,
sollten wir sie wenigstens nicht zur Hölle werden lassen.

Wolfgang Niedecken

Hölzernes Eisen
Nach 1. Johannes 4, 18 treibt die vollkommene Liebe die Furcht aus, darum auch die Moral, denn Moral ist Furcht. Furcht und Moral beginnen, wo Liebe aufhört. Furcht und Moral hören auf, wo Liebe beginnt. Insofern ist „christliche Moral" ein hölzernes Eisen.

Kurt Marti

Die junge Frau hat ein Ziel vor Augen. Sie will heraus aus dem Elend. Sie entschließt sich, Boxerin zu werden. In einem Boxstudio am Rande der Stadt fängt sie an zu üben. Der Besitzer des Studios hält nichts vom Frauenboxen. Sie lässt sich nicht abwimmeln. Verbissen kämpft sie um seine Anerkennung Sie trainiert so hart, dass er sich um sie zu sorgen beginnt. Seine Abneigung schwindet. Er übernimmt das Training.

Bald ist sie so gut, dass sie nichts und niemand mehr aufhalten kann. Sie boxt sich von Sieg zu Sieg. Sie verdient Millionen. Das Ende kommt völlig überraschend. Eine gewissenlose Gegnerin schlägt sie regelwidrig nieder. Der brutale Schlag trifft sie von hinten nach dem Pausengong.

Als sie wieder zu sich kommt, ist sie vom obersten Halswirbel an gelähmt. Nur Zunge und Lippen kann sie bewegen. Da sie nicht einmal mehr selbstständig atmen kann, pumpt eine Maschine Sauerstoff in ihre Lungen.

Er ist ständig bei ihr. Redet ihr gut zu. Sie aber will nicht länger leben. Sie will sterben. Sie bitte ihn, ihr dabei zu helfen. Er ist entsetzt. „Denk nicht einmal daran", herrscht er sie an. Sie zerbeißt sich die Zunge, um zu verbluten. Kaum ist sie zusammengenäht, tut sie es wieder.

Als treuer Kirchgänger bittet er seinen Pfarrer um Hilfe: „Was soll ich tun? Ich will sie behalten und sie wünscht sich zu sterben." „Es gibt Dinge, die muss man Gott überlassen", entgegnet der Pfarrer. „Sie hat nicht Gott gebeten, sondern mich", wirft er ein. „Ich schwöre bei Gott: Ich begehe eine Sünde, wenn ich sie töte – und wenn ich sie leben lasse."

Was soll er tun? Auf diese Frage läuft alles zu im Film „Million Dollar Baby". Sein Ende erfüllt einen mit tiefen Mitgefühl und unendlicher Traurigkeit. Man hat dem Film vorgeworfen, er sei ein Plädoyer für Sterbehilfe. Aber das ist er nicht. Die Trauer und das Mitleid rufen etwas ganz anderes hervor: den Wunsch, Menschen, die leiden, helfen zu können, und unendliches Erbarmen.

Und ob ich schon wanderte im finsteren Tal, fürchte ich kein Unglück;
denn du bist bei mir, dein Stecken und Stab trösten mich.

Psalm 23,4

Auf meinen lieben Gott, / trau ich in Angst und Not;
der kann mich allzeit retten / aus Trübsal Angst und Nöten,
mein Unglück kann er wenden, / steht alls in seinen Händen.

EG 345,1
Lübeck vor 1603,Wittenberg und Nürnberg 1607

Angst, nein, sollt ihr nicht haben, sagte die Mutter. Deswegen wurde,
sooft der Gesangverein Stiftungsball hatte, Frau Marx, die Waschfrau,
zur Aufsicht bestellt. Ihr knarrender Schritt in der Wohnung ließ behütet
uns schlafen.

Rudolf Otto Wiemer

Gott
ich bitte dich

nicht darum
meine angst mir zu
nehmen
nicht mich zu
lösen von allem
was mich auch
ängstigt
nicht mich zu
befreien von
meinem ängstlichen
suchen

gott

aber friede
sie ein
meine angst
damit ich
ihr Grenzen setze
und sie mich nicht
erdrückt

gott

Michael Lipps

114

„Ich bin schon immer ängstlich gewesen. Schon als Kind. Wenn ich abends in den Keller musste, um etwas zu holen, wollte ich, dass jemand mitgeht. Die anderen haben mich dann ausgelacht. Angsthase, haben sie nur gesagt. Wenn ich dann losgegangen bin, habe ich die Türen offen gelassen, um die anderen möglichst lange reden zu hören. Oder ich habe mir durch lautes Reden selber Mut gemacht."

Das hat sie lange nicht losgelassen. Erst als sie älter wurde, hat die Angst, allein in den dunklen Keller gehen zu müssen, nachgelassen. Sie fing an zu erkennen, dass ihre Angst, es könne ihr dort etwas zustoßen, mit ihrer Einbildung zu tun gehabt hat – mit ihrer kindlichen Phantasie. Auch wenn sie ihre Angst nicht ganz losgeworden ist, die Einsicht hilft ihr, nicht in Panik zu geraten und gelassener damit umzugehen.

Heute fragt sie sich, ob es sich mit der Angst vor den dunklen Seiten des Lebens ähnlich verhält wie mit der Angst vor dem dunklen Keller. Dass es nicht die Dunkelheit ist, die Angst macht, sondern ihre Einbildung dessen, was alles passieren kann. Dass es ist nicht die Krankheit ist, sondern die Sorge, was daraus werden kann. Dass es ist nicht der Tod ist, sondern seine Unausweichlichkeit.

Es finden sich ja auch Menschen, die sich – unheilbar krank und ohne jede Hoffnung auf Genesung – des Lebens erfreuen und daran teilnehmen; und es geschieht, dass Alte und Gebrechliche – das Ende vor Augen – gelassen und fröhlich ihre letzten Wochen und Tage genießen. Sie haben erfahren, dass es auch in den Dunkelheiten des Lebens etwas gibt, was hält und trägt: ein Gebet oder ein biblisches Wort, das man sich in Erinnerung ruft.

Nicht dass dadurch alle Dunkelheiten im Leben beseitigt sind. Das sind sie nicht. Aber wie ein Kind die Angst vor der Dunkelheit im Keller verliert, wenn die Eltern in der Nähe sind, so büßen ängstigende Mächte ihre Kräfte ein, wenn die guten Mächte Gottes nahe sind.

Der Mensch sieht, was vor Augen ist, der Herr aber sieht das Herz an.

1. Samuel 16,7c

Gott,
du schufst die Menschen dir zum Bilde,
jeder ist ein Bild von Dir.
Öffne uns die Augen,
in jedem Menschen Dich zu sehen,
auch wenn er anders ist als wir.

Eckard Siggelkow

Jeder Mensch ist ein Mensch

Heinrich Albertz

Wir haben eine Gesellschaft, in der ein jeder Angst hat vor dem anderen. Nicht vor dem anderen Menschen, sondern davor, dass der andere Mensch anders ist.

Peter Fonda

Es sind dieselben Augen, / die mich anstrahlen,
als gäbe es nur mich,
und die an mir vorbeisehen, / als wäre ich nicht da.

Detlev Block

Der affektierte Trend, zu leugnen, dass Behinderte tatsächlich behindert sind, ist ebenso heuchlerisch wie einst die viktorianische Leugnung der Tatsache, dass Arme mit größter Wahrscheinlichkeit auch unglücklich sind. Vor allem in den USA, wo Krankheit als Schwäche gesehen wird und nur der Erfolg zählt, grassiert diese Form des Selbstbetrugs. Diese Tendenz passt zu einer Verdrängung unangenehmer Wahrheiten, wie sie in der westlichen Welt üblich ist, zu der Neigung, Leid unter den Teppich zu kehren.

Terry Eagleton

Mutter und Tochter

Bevor es losgeht, nehmen sie sich noch einmal in die Arme. Die Nähe der Mutter tut ihr gut. Ob sie es schaffen wird? Sicher: Sie sind nur zum Spaß hier. Das ist die Hauptsache auf dem Sportfestival für Menschen mit Down-Syndrom. Auf Leistung und Rekorde kommt es nicht an. Aber zeigen, was sie können, das wollen sie auch.

Mutter und Tochter haben es weit gebracht, allen niederschmetternden Prophezeiungen zum Trotz. Als sich die Mutter mit der Behinderung ihrer Tochter nicht einfach abfinden wollte, hatte ein Arzt zu ihr gesagt: „Geben Sie auf. Aus Ihrer Tochter wird nichts." Heute beim Sportfest hat sie im Kugelstoßen die Weite von 5,50 Meter geschafft. Den 400-Meter-Lauf, der gleich dran ist, wird sie auch packen. Es war ein langer, mühevoller Weg bis dahin. Die Mutter ist stolz auf ihre Tochter.

Nicht alle Menschen sind bereit dazu, diesen Weg zu gehen. Wird bei einer pränatalen Diagnostik ein Down-Syndrom festgestellt, entscheiden sich 90 Prozent der Frauen für eine Abtreibung. Sie hat von der Behinderung ihrer Tochter nichts gewusst. „Gott sei Dank", sagt sie: „Wir sind froh, dass wir sie haben."

Als die Tochter zur Welt kam, waren die Anzeichen für das Down-Syndrom nicht zu übersehen. Die schlitzförmige Augenstellung, die durchgehenden Querfalten an den Händen, die gestörte Feinmotorik, die Kleinwüchsigkeit. Die Mutter ließ sich nicht davon abhalten, alles für ihre Tochter zu tun. Nicht nur körperlich, auch geistig. Sie kann sogar kleine Geschichten erzählen – wenn sie will.

Nach dem 400-Meter-Lauf liegen sie sich wieder in den Armen. Sie hat es tatsächlich geschafft. Dabei hat es gar nicht danach ausgesehen. Nach 200 Metern wurde sie immer langsamer. Sie hatte sich wie die anderen total verausgabt. Eine andere Mutter nahm ihren Sohn bei der Hand, um ihm über die Ziellinie zu helfen. Er war einfach stehen geblieben und hatte den Menschen auf der Tribüne zugejubelt. Ihre Nähe war ihm wichtiger als alles andere.

Ich will euch trösten wie einen seine Mutter tröstet.

Jesaja 66,13

Kann und mag auch verlassen ein Mutter je ihr Kind
und also gar verstoßen, dass es kein Gnad mehr find´t?
Und ob sich´s möcht begeben, dass sie sogar abfiel:
Gott schwört bei seinem Leben, er dich nicht lassen will.

EG 243,3
Böhmische Brüder 1544

Bildzwang
Selbst das Gebot, sich von Gott kein Bild zu machen, enthält bereits ein solches, nämlich das eines männlichen Gottes.

Kurt Marti

Heilige Geistin?
Im alttestamentlichen Hebräisch ist „Geist Gottes" (d.h. Gott in seinem je heutigem Handeln, Realisieren) ein weibliches Wort. Auf dem Weg von Osten nach Westen, aus dem Semitischen in die europäischen Sprachen hat es eine Geschlechtsumwandlung durchgemacht. Die Vermännlichung auch seines Geistes verzerrte den europäischen Gott ins einseitig Maskuline. Könnte das ein Grund dafür sein, dass der Heilige Geist sich im Bewusstsein so vieler europäischer Christen immer mehr verflüchtigt hat? Wie denn überhaupt ein universaler Gott, dem einzig noch männliche Züge und Eigenschaften zugestanden werden, gerade dadurch aufhört, universal und überhaupt realitätsbezogen zu sein. Könnte sich langfristig etwas ändern, falls wir begönnen, von der heiligen Geistin zu sprechen?

Kurt Marti

Mütterlicher Trost

Mit der ganzen Kraft seiner kurzen Beine trat der kleine Junge in die Pedale seines Mountainbikes. Rasant legte er sich in die enge Kurve, ohne auf den frisch gestreuten Splitt zu achten. Unversehens kam er ins Rutschen, verlor die Kontrolle über das Fahrrad und stürzte in voller Fahrt auf den Asphalt. Als er sich wenig später aufrappelte, füllten sich seine Augen mit Tränen. Mit zerschrammten Knien und zerrissener Hose lief er nach Hause, wo sich seine Mutter gerade im Garten zu schaffen machte. Als er sie erblickte, konnte er nicht mehr an sich halten. Schluchzend warf er sich in ihre Arme.

Die Mutter streichelte und liebkoste ihn. Sie pustete kühlend auf die Wunde. Sie ließ sich alles erzählen, nachdem er sich beruhigt hatte und wieder Worte fand. Bald war kein Schluchzen mehr zu hören. Und nachdem sie die Schürfwunde am Knie vorsichtig gereinigt und mit einem Pflaster versehen hatte, konnte man ihn wenig später wieder lachend auf seinem Fahrrad durch die Gegend flitzen sehen. Durch die mütterliche Zuwendung war das kindliche Vertrauen ins Leben wieder hergestellt.

Nicht nur Kinder verspüren Kummer und Schmerzen – auch Erwachsene. Sie rühren von ganz unterschiedlichen Verletzungen her. Und manche Verletzung sitzt so tief, dass weder ärztliche Kunst noch psychologische Beratung die damit einhergehenden Schmerzen zu lindern vermögen.

„Ich will euch trösten, wie einen eine Mutter tröstet", verheißt Gott durch den Propheten Jesaja den Menschen, die bekümmert und niedergeschlagen sind. Wie eine Mutter auf die Schmerzen ihres Kindes einzugehen vermag, indem sie sie am eigenen Leibe verspürt, trägt Gott die Schmerzen aller Menschen, die sich ihm anvertrauen. Der Schmerz nimmt ab. Und die Verletzung heilt.

Denn wir müssen alle offenbar werden vor dem Richterstuhl Christi, auf dass ein jeglicher empfange, wie er gehandelt hat bei Leibensleben, es sei gut oder böse.

2. Korinther 5,10

So halten wir nun dafür, dass der Mensch gerecht werde ohne des Gesetzes Werke, allein durch den Glauben.

Römer 3,28

Wie sich ein Mann erbarmet / ob seiner jungen Kindlein klein, /
so tut der Herr uns Armen, wenn wir ihn kindlich fürchten rein.
Er kennt das arm Gemächte / und weiß, wir sind nur Staub,
ein bald verwelkt Geschlechte, / ein Blum und fallend Laub:
Der Wind nur drüber wehet, / so ist es nimmer da,
also der Mensch vergehet, / sein End, das ist ihm nah.

EG 289,3; Johann Grahmann 1540

„Ich schaue nicht mehr so viel in den Spiegel; denn die Augen, mit denen man sich selber anschaut, sind nicht die Augen, in denen man am besten aufgehoben ist.

Hanna Schygulla

Im Zentrum des christlichen Menschenbildes steht der Mensch als Beziehungswesen, das sich vor Gott zu verantworten hat. Die Struktur der Verantwortlichkeit vor einer letzten Instanz bleibt auch nach dem Zerbrechen einer infantilen Gottesvorstellung bestehen. Wird sie in den Menschen selbst hineinverlegt, tritt sie als Selbstzweifel umso schärfer zutage. Wer zu glauben vermag, dass Gott es gut mit ihm meint, muss sich nicht selbst rechtfertigen. Im Glauben an die durch Christus gewährte Gnade gelingt es dem Menschen, sich selbst mit seiner Lebensgeschichte anzunehmen.

Eckard Siggelkow

Er hatte eine Frau kennengelernt und sich, obwohl er es nicht mehr für möglich gehalten hatte, in sie verliebt. Was tun? Die Vorstellung, sich wieder an eine Frau zu binden, hatte etwas Ungeheuerliches für ihn. Was hatte er ihr schon anzubieten?

Von dieser Frage kommt Quentin nicht los. Er ist nicht nur Hauptdarsteller in dem Schauspiel „Nach dem Sündenfall", in dem Arthur Miller seine gescheiterte Ehe mit Marilyn Monroe aufzuarbeiten versucht, sondern auch dessen kaum verhülltes Selbstporträt.

Quentin (alias Miller) hält im Stück eine Art Selbstgespräch mit seinem Gewissen. Freimütig gesteht er ein, dass er sein Leben immer als eine Art Gerichtsverfahren verstanden hat, als eine ewige Beweisaufnahme. Anfangs hat er beweisen wollen, wie mutig oder wie klug, dann, was für ein guter Liebhaber, dann, was für ein guter Vater, und schließlich, wie weise oder mächtig er ist. Und das alles, weil er unbewusst von der Vorstellung ausgegangen ist, dass der Lebensweg irgendwie nach oben führen muss, einem höheren Urteil entgegen, durch das man entweder freigesprochen oder schuldig erklärt wird.

Die Katastrophe beginnt, als Quentin in einem heftigen Streit beinahe seine zweite Frau erwürgt. In Erwartung einer Verurteilung sieht er nach oben – und stellt fest, dass der Richterstuhl leer ist. Wohin er sich dreht und wendet: kein Richter weit und breit. Statt eines höheren Urteils bleibt ihm nichts als ein endloses Selbstverhör – ein sinnloser Prozess, den er mit sich und seinem Gewissen zu führen hat.

Es ist ein hoffnungsloses und verzweifeltes Unterfangen. Am Ende kommt Quentin zur Erkenntnis, dass jeder Mensch zum Komplizen des Bösen werden kann, weil „nach dem Sündenfall" der Wunsch zu töten „nie getötet wird". Die Einsicht eröffnet die Hoffnung, dass man „mit einigem Mut ihm ins Gesicht sehen ... und mit einer Geste der Liebe – wie man einen Idioten streichelt – ihm verzeihen kann. Immer wieder."

Christus spricht: Ich lebe, und ihr sollt auch leben.

Johannes 14,19b

Weicht, ihr Trauergeister, / denn mein Freudenmeister, / Jesus, tritt herein. / Denen, die Gott lieben, / muss auch ihr Betrüben / lauter Freude sein. / Duld ich hier schon Spott und Hohn, / dennoch bleibst du auch im Leide, / Jesu, meine Freude.

EG 396,6
Johannes Franck 1653

Der Mensch ist zur Freude, nicht zum Leiden geschaffen.

Friedrich Christoph Oetinger

Unter denen, die ihr Leid in sich fressen,
sind viele Wiederkäuer.

Bert Berkensträter

Ein Mensch sagt – und ist stolz darauf –,
er geh' in seinen Pflichten auf.
Bald aber, nicht mehr ganz so munter,
geht er in seinen Pflichten unter.

Eugen Roth

Lamento
Schließlich hören wir nicht mehr hin, weil es nur noch langweilt. Dabei spricht des Jammers wahrer Jammer eben aus einem solchen Lamento, das wehleidig, chaotisch, zur Nervensäge geworden, an aller Ohren vorbei dem Verstummen zutreibt. Unser Selbstbewahrungswille bäumt sich gegen die Zumutung so vielen, so unwendbaren Elends auf. Und derart stößt immer mehr Jammer auf immer taubere Ohren. Deswegen sind Psychokliniken, kaum erweitert, schon wieder zu klein.

Kurt Marti

Nur noch leiden

Sie pflegt ihren Mann schon seit Jahren zu Hause seit seinem Unfall. Die ganze Wohnung ein Krankenlager. Im Wohnzimmer steht das Krankenbett, im Bad stapeln sich Kartons mit Windeln, die sie mehrmals am Tage wechseln muss. In der Küche der Kühlschrank ist voll mit künstlicher Nahrung.

Er kann sich selbst nicht ernähren, kann nicht mehr aufstehen, regt und rührt sich nicht, liegt nur noch da und spricht auch nicht. Nur leise aufstöhnen tut er dann und wann. Nachts, wenn er ganz ruhig ist, bekommt sie Angst. Dann steht sie auf und beugt sich über ihn, will hören, ob er noch am Leben ist.

Manchmal kommt der Sohn vorbei, fragt, wie es ihm geht. Auch die Nachbarn schauen rein. Aber davon merkt er nichts. „Nur, ob ich da bin, das merkt er", sagt sie. Sie kann ihn nicht allein lassen. Ins Pflegeheim geben schon gar nicht, auch nicht in die Kurzzeitpflege, um hin und wieder Zeit zu haben.

Es wird ihr alles zu viel. Sie freut sich auf nichts mehr, nicht auf den Sohn, nicht auf die Nachbarn, nicht aufs Essen, nicht aufs Fernsehen. „Ich habe keine Freude mehr am Leben", sagt sie. Nur noch zu Ende pflegen will sie ihn. Deshalb darf sie nicht krank werden, deshalb darf sie nicht aufgeben. Für sich erwartet sie nichts mehr. „Mein Leben ist zu Ende", sagt sie.

Wie mit ihr über Hoffnung und Freude reden? Sie hat sich das Leiden ihres Mannes ganz zu Eigen gemacht. Warum? Wem tut sie einen Gefallen damit? Sich selbst? Ihrem Mann? Wie würde er reagieren, würde er sie so leiden sehen? Sich freuen, Erleichterung empfinden? Bestimmt nicht. Dadurch, dass sie nur noch leidet, wird er auch nicht wieder gesund.

Nur noch das Leiden zu suchen, ist eine Haltung, die wenig christlich ist. Wir Menschen sind auch zur Freude und nicht nur zum Leiden bestimmt.

Mitten im Leben

Kommt, wir wollen wieder zum Herrn, denn er hat uns zerrissen, er wird uns auch heilen; er hat uns geschlagen, er wird uns auch verbinden.

Hosea 6,1

Nun sich das Herz in alles findet,
was ihm an Schweren auferlegt,
komm, Heiland, der uns mild verbindet,
die Wunden heilt, uns trägt und pflegt.

EG 532,2
Jochen Klepper 1941

Alles wirkliche Leben ist Begegnung.
Wer sich auf den Weg macht, kann anderen begegnen.

Martin Buber

klage eines chronisch kranken

im vorübergehen
fragt mein nachbar
wie es gehe

er fragt nicht
weil er mitgehen will
er fragt
weil er weitergehen will

ich antworte
es geht

aber es geht nicht
so nicht

Rudolf Bohren

Offene Wunden

Wir tragen unsere Wunden innen.
Angeschossen wie alle,
mitten im Frieden,
mitten im Herzender Schmerz.
Danke mir geht's gut!
Wir leben den Alltag
mit offenen Wunden

begegnen einander
mit offenen Wunden
wir lachen und lieben
mit offenen Wunden
Danke, mir geht's gut.
Wir tragen unsere Wunden innen.
Aus Angst vor der Wahrheit.

So heißt es in einem Gedicht von Angelika Möller. Wir erleben das jeden Tag. So ganz nebenbei wird uns die Frage gestellt: Wie geht's? Und wir hören uns sagen: Danke, ganz gut. Es kommt ganz automatisch. Wer gesteht schon gern ein, dass es einem dreckig geht: „Wie's da drinnen aussieht, geht niemand was an."

Da sind wir enttäuscht worden, hier schenkte man uns zu wenig Aufmerksamkeit, dort fühlten wir nicht richtig anerkannt. Wer mag das schon zugeben? Wir können nicht erzwingen, dass alles so läuft, wie wir es sich uns wünschen. Wir haben's nicht in der Hand. Nicht einmal uns selbst.

Romano Guardini – so wird erzählt – hat nach langer schwerer Krankheit einem guten Freund gesagt, dass es den bloßen Schaden, die bloßen Schmerzen nicht gibt. Sondern dass jede Verletzung und jede Wunde, die wir erleiden, den Keim zur Erneuerung des Lebens und den Schlüssel zu einem unerwarteten Lebensgewinn und Reichtum in sich trägt – *wenn* man sich den Verletzungen stellt.

Und auf die Frage: Worin der Schlüssel zu diesem Zugewinn besteht, hat er ganz schlicht und einfach gesagt: im Vertrauen, im Vertrauen darauf, dass Gott es letztlich gut mit uns meint. Wir tragen unsere Wunden innen. Doch Heilung gibt's auch.

Petrus aber sprach: Silber und Gold habe ich nicht; was ich aber habe, das gebe ich dir: Im Namen Jesu Christi von Nazareth stehe auf und wandle!

Apostelgeschichte 3,6

Wohl dem, der einzig schauet / nach Jakobs Gott und Heil!
Wer dem sich anvertrauet, / der hat das beste Teil,
das höchste Gut erlesen, / den schönsten Schatz geliebt;
sein Herz und ganzes Wesen / bleibt ewig ungetrübt.

EG 302,2
Paul Gerhard 1653

Umgang
Jesus lehrt, den Menschen realistisch anzunehmen, so wie er ist, und ihn dennoch in der Perspektive seiner Möglichkeiten, d.h. in Hoffnung, zu sehen.

Kurt Marti

Ohne Geld kann man nichts machen.

Sprichwort

Leo X. Medici (1513–1521) zeigte einst einem Gesandten eines Königreiches, was sich bei ihm an Schätzen und Reichtümern angesammelt hatte. „Sehen Sie", bemerkte er mit einem leichten Lächeln, „wir brauchen nicht mehr wie unsere Vorgänger zu klagen: „Silber und Gold habe ich nicht (Apostelgeschichte 3,6)."
„Ja", antwortete der Gesandte leichthin, „man kann nicht alles haben. Eure Heiligkeit können darum jetzt auch nicht mehr zum Lahmen sagen: Im Namen Jesu Christi, stehe auf und wandle."

Frei nach Hans von Campenhausen

126

Ohne Gold und Silber

Sonntag für Sonntag sitzt er vor der Kirchentür. Er hat seine Beine so weit ausgestreckt, dass man einen kleinen Bogen machen muss, wenn man nicht darüber stolpern will. Sein rechtes Hosenbein ist hochgezogen, damit man sein Holzbein auch in ganzer Länge sieht. Neben sich hat er ein kleines Körbchen aufgestellt. Sein Gesicht hält er auf die Brust gesenkt. Er schaut nicht nach oben. Er vermeidet es, die Leute anzusehen.

Die meisten der Gottesdienstbesucher gehen eiligen Schrittes an ihm vorbei, ohne ihn eines Blickes zu würdigen. Ihren Gesichtern ist anzumerken, dass er ihre sonntägliche Feierstimmung stört. Nur hin und wieder wirft einer im Vorübergehen ein paar Cent in das Körbchen. Ob ihm damit wirklich geholfen ist?

Als Petrus und Johannes – so erzählt die Bibel – hinauf zum Tempel gingen in Jerusalem, um zu beten, saß ein Mann vor des Tempels Tür, lahm von Mutterleibe, der bat um ein Almosen. Aber Petrus sah ihn an mit Johannes und sprach: „Sieh uns an!" Da sah er sie an und wartete darauf, dass er etwas von ihnen empfinge. Aber Petrus sprach: „Silber und Gold habe ich nicht; was ich aber habe, das gebe ich dir: Im Namen Jesu Christi stehe auf und wandle." Und ergriff ihn bei der Hand und richtete ihn auf. Und da er aufstand, konnte er gehen und ging mit ihnen in den Tempel und wandelte und sprang und lobte Gott.

Wir können keine Wunder vollbringen wie Petrus und Johannes. Über himmlische Kräfte verfügen wir nicht. Aber jemanden, der um Almosen bittet, als Menschen wahrzunehmen, ohne verächtlich auf ihn herabzuschauen, dass können auch wir. Mit einem freundlichen Blick wäre manchem wohl weit mehr geholfen als mit den paar Cent, die wir geben.

Auch wenn er sein Holzbein weiterhin behalten wird: Ein wenig Aufmerksamkeit und Beachtung wird ihm helfen, seine Selbstachtung und Würde zu bewahren. Oftmals ist es der erste Schritt, dass jemand, der sich nichts mehr zutraut, wieder auf die Beine kommt.

Gehet aber hin und lernet, was das ist: »Ich habe Wohlgefallen an Barmherzigkeit und nicht am Opfer«.

Matthäus 9,13

Lasset uns singen, dem Schöpfer bringen, / Güter und Gaben; / was wir nur haben, alles sei Gotte zum Opfer gesetzt! / Die besten Güter / sind unsre Gemüter; / dankbare Lieder / sind Weihrauch und Widder, an welchen er sich am meisten ergötzt.

EG 449,3
Paul Gerhard 1666

Heiliger Krieg, bez. für Kriege, die wegen einer religiösen Idee, einer vermeintlich göttl. Verpflichtung oder zur Verteidigung „heiliger" Bereiche geführt wurden. In den Universalreligionen haben nur die prophetischen Religionen H. K. hervorgebracht (z.B.) im christl. Abendland die Kreuzzüge oder die Glaubenskriege des 16./17. Jh., nicht aber die mystischen. Im Islam gehört der H. K. (Dijhad) zu den im Koran gebotenen Pflichten.

Brockhaus-Lexikon

... auf dem Schlachtfeld, in den vordersten Reihen, zu kämpfen, das ist die wahre Mannestugend! Bestimmt wird der Krieg bald vorbei sein, und, ich glaube, ohne viel[e] Verluste. Und wenn wirklich gewisse Verluste eintreten sollten, dann lasst uns des lateinischen Spruches gedenken, den wohl so mancher römische Krieger auf den Lippen trug, wenn er in fernen Landen auf dem Schlachtfelde stand: ... – Süß und ehrenvoll ist es, für das Vaterland zu sterben!

Erich Maria Remarque
Im Westen nichts Neues, Rede des Lehrers

Rekruten des „Heiligen Krieges"

Die junge Mutter ist sittsam schwarz verhüllt. Sie hat ihren Sohn bei sich. Er ist gerade elf Monate alt. Überwältigt von seiner Kindlichkeit hebt sie ihn ausgelassen hoch: „Osama, Küsschen!", bittet sie ihn. Er trägt den Namen zum Ruhme des saudischen Terroristen, nicht etwa zu Ehren eines verehrten Gefährten vom Propheten Mohammeds. „Ich habe ihn Osama genannt, weil ich möchte, dass er ein echter Krieger wird", erklärt die Mutter der Reporterin.

Sie setzt große Hoffnungen in den Jungen. Den Koran soll er lernen, ein guter Schüler werden und später zur Armee gehen. Die Anschläge vom 11. September 2001 in New York haben daran nichts geändert – im Gegenteil. „Wenn mein Sohn geopfert werden muss, dann ist es in Ordnung. Für mich wäre es eine große Ehre", sagt die Mutter. Sie ist überzeugt davon, mit dem Tod im Dienste Gottes die Ernsthaftigkeit ihres Glaubens zu bezeugen.

Und der kleine Osama? „Können Sie ihm in die Augen sehen und ihm sagen: Ich werde dich opfern?", fragt die Reporterin. Die Mutter lächelt. „Ja, selbstverständlich", sagt sie. Sie streicht ihrem Sohn liebevoll über den Kopf. Der Junge blickt so ernsthaft drein, als verstünde er, was die Journalistin fragt: „Können Sie ihm in die Augen schauen und sagen, dass Sie ihn opfern werden?" Die Mutter entgegnet erfreut: „Ja, selbstverständlich!" Sie nimmt den Jungen auf den Schoß und schaukelt ihn.

Es ist nur eine der Szenen, die für den TV-Film „In Gottes Namen – Die Rekruten des Heiligen Krieges" aufgenommen worden sind. Sie zeigen Bilder aus Schulen, Moscheen und Privathäusern im Nahen und Mittleren Osten, in denen der Hass gegen Andersgläubige gepredigt wird.

Ein alter Mann, dessen Söhne als Selbstmordattentäter gestorben sind, erklärt lächelnd: „Was gibt es Besseres, als seinen Sohn für die Religion zu opfern? Ich wäre auch bereit, meine anderen Kinder in der gleichen Weise zu opfern." Er glaubt, dass der Märtyrertod ihnen den Weg ins Paradies eröffnet hat.

Er wird dich mit seinen Fittichen decken,
und Zuflucht wirst du haben unter seinen Flügeln.

Psalm 91,4

Lobe den Herren, der künstlich und fein dich bereitet,
der dir Gesundheit verliehen, dich freundlich geleitet.
In wie viel Not / hat nicht der gnädige Gott
über dir Flügel gebreitet!

EG 317,3
Jochen Neander 1680

Gott hat keine Hände, nur unsere Hände, um seine Arbeit heute zu tun.

Quelle anonym

Von Heinrich Heine ist überliefert, er habe sich eines Tages bei einem Besuch des Louvre in Paris vor der berühmten Statue von Milo nieder- gelassen, um sie lange anzusehen. Später schrieb er seine Gedanken nieder: „Dort lag ich eine lange Zeit und weinte leidenschaftlich. Die Göttin blickte auf mich herab, aber sie war machtlos, mich zu trösten. Es war, als wollte sie sagen: Siehst du denn nicht, dass ich keine Arme und Hände habe und dir deshalb nicht helfen kann?"

Quelle anonym

Es muss doch möglich sein, Menschen davon zu überzeugen, dass sie nicht nur ein Stück Dreck sind – arme Schweine halt, und nichts weiter.

Eugen Drewermann

130

Schützende Flügel

Das Amselpärchen hatte sein Nest in einem Blumenkasten gebaut. Man konnte zusehen, wie es am Brüten war. Nicht lange, da waren die Jungen geschlüpft. Er bewunderte die Hingabe, mit der es seine beiden Jungen aufzog. Das Amselweibchen blieb auch dann bei den Jungen, wenn jemand dem Nest ganz nahe kam. Eigentlich hätte es davonfliegen müssen. Es blieb aber sitzen und breitete schützend seine Flügel über seine Jungen aus …

Das Amselpärchen erinnerte den Prediger an die Worte aus dem 91. Psalm: „Er (Gott) wird dich mit seinen Fittichen decken, und Zuflucht wirst du haben unter seinen Flügeln." Im Verhalten der Amsel sah er veranschaulicht, wie Gott mit seinen Flügeln das Leben der Menschen liebevoll schützt und bewahrt.

Wer im alten Israel Schutz suchte, konnte in den Tempel Gottes fliehen. Im Schatten der Cherubim – der Flügel Gottes – waren sie vor den Nachstellungen ihrer Feinde geschützt. Wo findet heute jemand Zuflucht, der der Willkür anderer schutzlos preisgegeben ist?

– Der Junge, dessen Eltern beide arbeiten. Der Vater ständig gestresst, die Mutter überfordert. Wenn der Junge nicht spurt, setzt es Prügel. – Das Mädchen, dessen Mutter angeblich nicht merkt, dass sie von ihrem Vater missbraucht wird. Sie ist verschlossen, zieht sich zurück, versagt in der Schule. – Der Mann, der völlig heruntergekommen auf der Straße liegt. Er verbringt seine Zeit damit, Mülltonnen und Papierkörbe nach Essbarem zu durchsuchen. – Die Frau, die über Jahre erniedrigt wird. Immer wieder zeigen sich Spuren von Gewalttätigkeit an ihrem Körper. Sie schämt sich, darüber zu reden. Irgendwie hat sie das Gefühl, daran selbst schuld zu sein.

Jeder braucht eine Stätte, wo er Zuflucht finden kann. Einen Ort, wo er sich aufgehoben und geborgen weiß, einen Ort, wo jemand schützend Flügel über ihn ausbreitet. Wie sonst sollte er Kraft schöpfen und die Hoffnung, dass sich irgendwann in seinem Leben noch einmal etwas ändern lässt?

Wer sein Leben liebhat, der wird's verlieren; und wer sein Leben auf dieser Welt hasset, der wird's erhalten zum ewigen Leben.

Johannes 12,25

Wer seine Seel' zu finden meint, / wird sie ohn´ mich verlieren;
Wer sie um mich verlieren scheint, / wird sie nach Hause führen.
Wer nicht sein Kreuz nimmt und folgt mir, /
ist mein nicht wert und meiner Zier.

EG 385,5
Johann Scheffler 1668

Es muss nicht etwas Besonderes sein, keine verstiegenen Gedanken, keine außergewöhnlichen Unternehmungen. Christus nachfolgen, heißt einfach leben. So leben, dass man das Beste am Leben nicht versäumt.

Victor Grawit

Genau das ist das Grundübel – wenn ein Mensch nur um sich selber kreist. Das ist das eigentliche Verhängnis: die Sünde an sich.

Frei nach Martin Luther

Sein Leben hassen zu müssen, um es zu erhalten, ist völlig widersinnig: Alles, was ich über Gottes Freundlichkeit gehört habe, bis hin zum Gebot, den Nächsten zu lieben wie sich selbst, wird durch solche Sprüche in Frage gestellt. Mein Gott, was hat sich der Verfasser des Johannesevangeliums nur dabei gedacht!
Wenn mein Leben gelingen soll, dann muss ich es annehmen, es lieben und bejahen, mit allem, was es was gewesen ist. Um Christus nachzufolgen, muss ich mein Leben nicht hassen. Nachfolge meint nichts anderes als Befreiung aus unserem Eigendreh, als Ausrichtung auf ein Leben, das vor Gott besteht: Drehst du dich nur immer um dich selbst, sagt Christus, so wird dir dein Leben verloren gehen, setzt du es einmal aufs Spiel, wirst du es für immer gewinnen.

Eckard Siggelkow

Sein Leben verlieren

Es war eine Nacht im November. Er kehrte über eine Brücke nach Hause zurück. Ein leichter Regen hatte die letzten Fußgänger vertrieben. Mitten auf der Brücke sah er eine Gestalt, die sich über das Geländer neigte. Beim Näherkommen erkannte er, dass es eine junge Frau war, die den Fluss zu betrachten schien. Für einen Moment verlangsamte er seinen Schritt, dann ging er vorüber.

Er hatte eben das andere Ufer erreicht, als er hörte, wie ein Körper ins Wasser fiel. Abrupt blieb er stehen. Gleichzeitig hörte er mehrfach einen Schrei, der flussabwärts trieb und jäh verstummte. Er wollte zurücklaufen, aber bewegte sich nicht. Er sagte sich, du musst dich beeilen, aber er rührte sich nicht. Bewegungslos lauschte in die ihm endlos erscheinende Stille. Schließlich ging er zögernden Schritten davon.

Er erzählt niemandem etwas. Aber die Erinnerung wird er nicht los. Bei einer Schiffsreise erblickt er zufällig einen schwarzen Punkt auf dem Wasser. Sein Herz beginnt heftig zu schlagen, obwohl der Punkt sich beim Näherkommen als ein Haufen Abfall erweist. Er hat an eine Ertrinkende gedacht. Da begreift er, dass jener Schrei in der Novembernacht ihm gefolgt ist und ihn weiter verfolgen wird, wohin er sich auch wendet.

Er gibt sein Anwaltsbüro auf und nimmt voller Selbstzweifel die Rolle eines selbsternannten „Bußrichters" an. Wo immer er einen Gesprächspartner findet, versucht er ihm deutlich zu machen: „Du bist auch nicht besser als ich!"

Die Zweifel an sich selbst und seinem Leben verringern sich dadurch nicht. Am Ende bleiben nichts als bittere Selbstverachtung und tiefe Verzweiflung übrig. „Ich habe in meinem Leben zumindest eine große Liebe gekannt und ihr Gegenstand war jederzeit ich", lässt Albert Camus ihn in seinem Roman „Der Fall" schließlich bekennen. „Was tun, um ein anderer zu werden? Unmöglich, dann müsste man schon niemand mehr sein. Sich für irgendjemand selbst vergessen. Wenigstens ein einziges Mal."

Ein jegliches hat seine Zeit, und alles Vorhaben unter dem Himmel hat seine Stunde: ...Streit hat seine Zeit und Friede hat seine Zeit.

Prediger 3,1 und 8b

Im Frieden, den du gibst, / wolln wir den Glauben leben, /
In unsrer Alltagswelt / das Friedenstiften wagen.
Wir bitten um Geduld, / um Phantasie und Mut: /
Dein Friede ist das Maß, / nach dem man leben kann.

EG 618,3
Johannes Kuhn 1988

Der Gescheitere gibt nach! Ein unsterbliches Wort. Es begründet die Weltherrschaft der Dummheit.

Marie von Ebner-Eschenbach (1830-1916)

Die Zeiten sind nicht danach, für niemanden, unbeweglich auf Standpunkten zu beharren, die vielleicht einmal richtig waren. Prinzipien darf man nicht verraten, aber muss man denn davon ausgehen, dass ein Gegner immer ein Feind ist?

Regine Hildebrandt

Das letzte Stündlein
Einem sterbenskranken alten Bauern setzt der Pfarrer zu, er solle sich mit seinem ihm verfeindetem Nachbarn versöhnen, da doch nun sein letztes Stündlein nahe. Es kommt dem harten Schädel schwer an, dem Priester die Erlaubnis zu geben, dass er den Nachbarn zur Versöhnung holen darf. Und als er die Genehmigung gegeben hat, ist er noch immer keineswegs mit der Angelegenheit fertig. Er ruft dem Geistlichen nach: „Aber wenn ich wieder werd´, dann bleibt´s mit dem Matthes beim Alten!"

Wilhelm von Scholz

Sich streiten

Die beiden kleinen Jungen saßen in der Babybadewanne. Sie diente ihnen als Schiff. Sie wollten nach Amerika fahren. Aber sie kamen nicht los. Sie konnten sich nicht einigen, wer Kapitän und wer Matrose sein sollte: „Ich bin der Kapitän!" – „Nein ich, und du bist der Matrose." – „Nein, du!" So ging es hin und her.

Über dem Streit schienen sie das Ziel, nach Amerika fahren zu wollen, ganz zu vergessen. Schließlich verlor der Jüngere von den beiden die Geduld. „Na gut", sagte er, „fahr endlich los." Er hatte genug von der anhaltenden Streiterei. Die Reise war ihm wichtiger als der sehnliche Wunsch, der Kapitän zu sein. Da wollte er sich schon lieber mit der Rolle des Matrosen begnügen.

Eine solche Einstellung scheint manchem Politiker völlig zu fehlen. Statt vereinbarte Ziele entschlossen anzustreben, sind sie darauf bedacht, Stärke und Durchsetzungsvermögen zu beweisen. Das Rangeln um Macht und Einfluss scheint ihnen wichtiger, als gemeinsam Lösungen für die großen Herausforderungen unserer Zeit anzustreben: Hauptsache, man setzt sich durch.

Die Reise der beiden Jungen in ihrer Badewanne ging zügig vonstatten, nachdem sie sich geeinigt hatten. Sie saßen eine ganze Weile zusammen und hatten ihren Spaß daran.

Richtig ist: Streit muss sein, um Klarheit zu gewinnen, was machbar und was für den anderen zumutbar ist – im Großen wie im Kleinen. Streit verhindert, dass einer unter die Räder kommt. Allerdings – wenn man das Ziel dabei aus den Augen verliert, nutzt alles Streiten nichts. Dann kommt es darauf an, dass einer nachgibt und man endlich loslegen kann.

Sicher, einfach ist das nicht. Dem kleinen Jungen in der Badewanne mag kindliches Vertrauen zu den Eltern zum Einlenken verholfen haben – Sie würden schon aufpassen, dass er nicht immer den Kürzeren zieht –; Erwachsenen hilft das Vertrauen, dass Gott mit den Friedfertigen und Sanftmütigen ist und durchaus nicht immer menschliche Vermessenheit obsiegt.

Ihr seid das Licht der Welt. Es kann die Stadt, die auf einem Berge liegt, nicht verborgen sein. Man zündet auch nicht ein Licht an und setzt es unter einen Scheffel, sondern auf einen Leuchter; so leuchtet es allen, die im Hause sind. So soll euer Licht leuchten vor den Leuten, dass sie eure guten Werke sehen und euren Vater im Himmel preisen.

Matthäus 5,14–16

Ein Funke kaum zu sehn, / entfacht doch helle Flammen
Und die im Dunkeln stehn, / die ruft der Schein zusammen.
Wo Gottes große Liebe / in einem Menschen brennt,
da wird die Welt / vom Licht erhellt;
da bleibt nichts, was uns trennt.

EG 603,2
Manfred Siebald 1973

Es ist unmöglich, dass ein Mensch die Sonne schaut,
ohne dass sein Angesicht davon hell wird.

Friedrich von Bodelschwingh

Lobet den Herrn ist ein Psalm.
Den Herrn loben wir nicht.
Aber wir hängen in unseren Dämmerungen
schlafend wie eine Fledermaus am Balken.
Wir Toren, in uns selber Umdunkelte,
wüssten wir den lebendigen Tag,
wir wären Lampen im Finstern.

Ulrich Sander

Silvester

Er ist am Ende eines jeden Jahres in jedermanns Munde, obwohl ihn kaum jemand kennt. Die Historiker erwähnen ihn kaum, obwohl er in einer der bedeutendsten Epochen der Kirchengeschichte gelebt hat. Sein Name ist das Einzige, was von ihm geblieben ist. Der letzte Tag des Jahres, der 31. Dezember, ist nach ihm benannt: Silvester.

Vor gut 1600 Jahren lebte er in Rom. Dass er Konstantin den Großen getauft haben soll, ist eine glatte Lüge, eine Geschichtsklitterung. Angeblich hat Konstantin der Kirche dafür große Zugeständnisse gemacht: die „Konstantinische Schenkung", die den Päpsten Macht über den Kaiser und weltliche Herrschaft zugestand. Als man ihm das angehängt hat, war er schon lange tot.

Nach Meinung der Historiker war Silvester von anrührender Bedeutungslosigkeit; die einfachen Leute in Rom aber haben ihn von Herzen geliebt. Als Erstes nach seiner Wahl zum Papst ließ er eine Liste aller Armen, Witwen und Waisen in der Stadt anlegen. Er versah sie – so heißt es – mit aller Notdurft des Leibes und Lebens. Die Leute haben ihn deswegen verehrt.

Als Anhänger der alten Religion in Rom einen Streit über den wahren Glauben vom Zaune brachen, hat er sie durch seine Zurückhaltung überzeugt. Er sagte nicht viel anderes als das: „Eure Götter haben die Macht zum Töten, meiner macht lebendig." Weil er unbescholten war und bescheiden auftrat, traten viele seiner Gegner zum Glauben über.

Dieser Papst hatte anderes in Sinn, als Macht auszuüben; zu herrschen war ihm fremd. Was das anbelangt, war er keine große Leuchte, eher ein kleines Licht. Ihm lagen die Armen und Schwachen am Herzen. Zwanzig Jahre war Silvester Papst in Rom. Im Jahre 335 n. Chr. ist er gestorben. Am 31. Dezember. Deshalb wurde dieser Tag so benannt und dabei bleibt es: Silvester.

Es kommt nicht darauf an, große und Welt bewegende Taten zu vollbringen. Kleines kann Großes bewirken: Gott sieht das Herz an, nicht, was vor Augen ist.

Selig sind, die da geistlich arm sind, denn das Himmelreich ist ihr.

Matthäus 5,3

Gott, lass uns dein Heil schauen,
auf nichts Vergänglichs trauen,
nicht Eitelkeit uns freun;
Lass uns einfältig werden
und vor dir hier auf Erden
wie Kinder fromm und fröhlich sein.

EG 482,5
Matthias Claudius 1779

Gesunder Ehrgeiz
Unentwegt stacheln Wirtschaft und Schulen den, wie sie es sagen, „gesunden" Ehrgeiz an. Als wäre Ehrgeiz etwas anderes als eben – Geiz, d.h. verweigerte Solidarität. Deswegen ist, wie Martin Buber in einem Gespräch bemerkte, Erfolg keiner der Namen Gottes.

Kurt Marti

Der Wettlauf / mit dem Hasen
sei ganz in ihrem Sinne verlaufen,
sagte der Igel / zu den Gebrüdern Grimm.

Alois Segerer

misere
als der Läufer zusammenbrach,
standen die Trainer ratlos.
sie hatten alles trainiert,
nur nicht die Niederlage.

Kurt Bartsch

Schon vor der abschließenden Verbeugung brandet Beifall auf. Soeben hat er seine Bodenkür mit einer Standwaage und anschließender Rolle vorwärts hingekriegt. Er ist selber so begeistert, dass er einen Purzelbaum nach den anderen schlägt und gar nicht aufhören will damit.

Es geht fröhlich zu bei den „Special Olympics", den olympischen Spielen für geistig Behinderte. Es sind fast nur lachende Menschen bei den Wettkämpfen zu sehen, die weltweit ausgerichtet werden: Wenn ein Hundert-Meter-Läufer mal eben die Bahn verlässt, um jemandem auf der Tribüne die Hände zu schütteln, und trotzdem gefeiert wird, wenn er endlich ins Ziel kommt; wenn ein Tischtennisspieler unbeirrt seine Vorhand am Ball vorbeischmettert und laut bejubelt wird, obwohl er so gut wie keinen Punkt macht; wenn der Bodenturner mitten in der Kür nach gestandener Waage triumphierend die Faust emporreckt und er dafür fröhliches Lachen statt Punkteabzug einfängt.

Teilnehmen ist wichtiger als Siegen, auch wenn sich die Athleten einiges abverlangen bei diesem Festival. Körperliche Betätigungen sind für geistig behinderte Menschen viel anstrengender als für Nichtbehinderte. Bei Menschen mit Down-Syndrom sind Beine und Arme kürzer.

Wie bei Helge. Er steht im Tor beim Fußball. Selbstverständlich trägt er das Trikot der deutschen Nationalmannschaft. Und ganz wie sein Vorbild Oliver Kahn stützt er seinen nach vorn gebeugten Oberkörper mit nach außen gebogenen Ellbogen auf seinen Oberschenkeln ab. Kommt ihm ein Ball entgegengeflogen, bläst er gekonnt die Backen auf. Dass er weitaus weniger Bälle auffängt als sein Vorbild, stört ihn nicht weiter.

Wie alle anderen Mitspieler genießt er es, im Mittelpunkt zu stehen und so viel Aufmerksamkeit von den Zuschauerrängen geschenkt zu bekommen. Er will seinen Spaß haben wie die anderen, die unbekümmert hinter dem Ball her rennen, miteinander laufen, werfen, springen und sich zuweilen arglos in den Armen liegen.

MITTEN IM LEBEN

Was betrübst du dich, meine Seele, und bist so unruhig in mir?

Psalm 42,6

Schließe mir die Augen beide
mit den lieben Händen zu!
Geht doch alles, was ich leide,
unter deiner Hand zur Ruh.

Und wie leise sich der Schmerz
Well um Welle schlafen leget,
wie der letzte Schlag sich reget,
füllest du mein ganzes Herz.

Theodor Storm

Gott, wir bitten dich für die Menschen
die jetzt auf den letzten Wegen ihres Lebens sind.
Mache ihr Herz ruhig und nimm sie in deine Barmherzigkeit auf.
Gott, wir bitten dich für die Menschen,
die auf ihren Tod warten, weil sie müde geworden sind
oder die Hoffnung auf eine Veränderung in ihrem Leben verloren haben.
Gib ihnen Geduld und Menschen, die sie begleiten können.
Gott, wir bitten dich für die Menschen,
die wissen, dass sie bald sterben müssen,
und mit Wut und Verzweiflung dagegen ankämpfen.
Du erträgst ihre Klagen und Anklagen.
Hilf ihnen, dass sie ihren Weg gehen können.
Gott, wir bitten dich für alle, denen ihre letzte Lebenszeit schwerfällt,
weil sie Hilfe brauchen oder Schmerzen leiden.
Lindere ihre Not.
Gott, wir bitten dich für die Menschen,
die andere in ihrer letzten Zeit begleiten und pflegen:
Familienangehörige, Schwestern und Pfleger und so viele andere.
Schenke ihnen Einfühlungsvermögen und Kraft für ihre Aufgabe.
Gott, wir bitten dich für alle,
die über die Behandlung von Menschen entscheiden müssen.
Gib ihnen gute Gedanken und Kraft für die Verantwortung, die sie tragen.
Gott, wir bitten dich für alle. Die Frage nach dem Lebensende greift in unser Leben ein.
Wir brauchen Vertrauen und Hoffnung für unseren Lebensweg. Sei du uns nahe.

Verfasser unbekannt

Er lag im Sterben, als sie kam. Man hatte sie rufen lassen, weil er sonst keinen Menschen hatte. Er lag allein im Zimmer der Obdachlosenunterkunft. Er war unruhig. Sie griff nach seinen Händen. Kalt waren die. Auch die Arme und die Beine. Sie strich ihm sanft über die Hände und Füße, um ihn ein wenig Wärme spüren zu lassen. Es war deutlich zu merken, wie gut es ihm tat – als hätte er zum ersten Mal in seinem Leben eine menschliche Zuwendung erfahren. Er starb ganz ruhig. Ohne jedes Aufbäumen. Er hörte einfach auf zu atmen.

Es war selbst für Frau D. ein eindruckvolles Sterben, obwohl sie schon viele Menschen hat sterben sehen. Seit über elf Jahren arbeitet sie beim ambulanten Palliativ- und Hospizdienst in Hannover. Die Mitarbeiterinnen und Mitarbeiter haben das Ziel, Sterbenden zu einem selbst bestimmten und würdevollen Leben bis zum Tod zu verhelfen. Sie kümmern sich um die seelischen, körperlichen und religiösen Bedürfnisse. Die Linderung körperlichen Leids spielt dabei eine große Rolle.

„Wenn ich merke, dass jemand Schmerzen hat, rufe ich bei einer unserer Palliativschwestern an", erklärt Frau D. „Die klären dann zusammen mit einem Arzt, was zu tun ist. Wir wollen, dass Menschen, die sterben, keine unnötigen Schmerzen erleiden." Zu ihren obersten Grundsätzen gehört, persönliche Wünsche und Bedürfnisse zu respektieren. Das erfordert viel Einfühlungsvermögen.

„Ich bete mit den Kranken nur, wenn es gewünscht wird. Ich hüte mich davor, zu missionieren. Ich will Menschen auf dem Sterbebett nicht in Gewissenskonflikte stürzen. Die Menschen, die ich betreue, sollen in Ruhe und Geborgenheit sterben können."

Ihr Gesangbuch hat sie aber immer dabei. Es enthält Texte und Lieder, die fürs Abschiednehmen hilfreich sind. Oft sitzt sie aber auch nur dabei und hält still die Hände der Sterbenden. Für Christen eine Geste, die zum Ausdruck bringt: Es ist immer jemand bei uns – im Sterben und darüber hinaus.

MITTEN IM LEBEN

Wie ein Hirsch lechzt nach frischem Wasser,
so schreit meine Seele, Gott, zu dir.

Psalm 42,2

Was betrübst du dich meine Seele,
und bist so unruhig, harre doch auf Gott!
Dankbar werde ich ihm noch sein,
weil er mir hilft als mein Gott.

EG 278, Kehrvers
Dieter Trautwein 1983

Wir sind Protestleute gegen den Tod

Christoph Blumhardt

Die Resignation, wie sie viele Christen glauben im Namen Gottes haben zu müssen unter der Last der Übel, ist nicht christlich. Ich bin deswegen nicht ganz einverstanden mit dem Spruch, den man Kranken oft ins Zimmer hängst: „Ich muss leiden, ich darf leiden, ich will leiden." Das ist nicht wahr, - ich will nicht! Das ist eine verzwungene Geschichte. Das hätte der Heiland nie gesagt, - er sagt nur:" Ich ergebe mich", aber es ist ein stiller Protest darin.

Christoph Blumhardt

Er war sein Leben lang von Krankheit verschont geblieben. So war er auch guten Mutes, als sich ein Zucken in seinen Beinen bemerkbar machte. Er konsultierte einen Neurologen. Die Diagnose lautete: Morbus Parkinson. Eine schreckliche Krankheit, unheilbar: Erst kann man nicht mehr gehen. Dann nicht mehr essen. Dann nicht mehr sprechen. Es ist ein Sterben auf Raten.

Die Diagnose traf ihn ins Mark. Schlagartig war Schluss mit der Sicherheit, in der er sich immer gewiegt hatte: Man würde vor Krankheit und Leid bewahrt, wenn man nur recht bete und glaube.

Die Krankheit wurde rasch schlimmer. Seine Frau verzweifelte daran. Als er mit Verbitterung reagierte, kam es zu unschönen Szenen. Er konnte nicht länger zu Hause bleiben. Er zog in ein diakonisches Altenheim. Hier fand er die nötige Unterstützung und Pflege.

Als ich ihn das letzte Mal sah, saß er zusammengekauert in einem Rollstuhl. Ein beklagenswerter Anblick. Seine Augen standen dazu im Gegensatz. Sie sprühten vor Unternehmensgeist. Er hatte wieder zu schreiben begonnen. Auf dem Tisch stand seine Reiseschreibmaschine. Aktenordner lagen auf seinem Bett, auf dem Boden waren Blätter verstreut. Vorsichtig fuhr er mit seinem Rollstuhl, den er mit zwei Fingern bedienen konnte, dazwischen herum.

In all seiner Verzweiflung hatte er sich nicht aufgegeben. Er hat weiter gebetet – anders als früher: „Gott, wenn du mir schon das Leid nicht ersparst, so schenke mir wenigstens Freiheit – mitten im Leid." Er machte eine neue Erfahrung. Kräfte wurden freigesetzt. Sie halfen ihm, sich aufzulehnen und gegen die Krankheit anzuschreiben. Das hielt ihn am Leben.

Er starb nach Vollendung seines letzten Buches. Darin heißt es: „Vor allen anderen kommt die Beantwortung der Fragen: Wo wohne ich? Wo gehöre ich hin? Wo kann ich bleiben?" Er fand vorübergehend eine Bleibe in einem kirchlichen Pflegeheim. Seine endgültige Bleibe fand er bei Gott.

Denn ich, der Herr, dein Gott, bin ein eifernder Gott,
der die Missetat der Väter heimsucht bis ins dritte und vierte Glied
an den Kindern derer, die mich hassen.

2. Mose 20,5b

Ein reines Herz, Herr, schaff in mir,
schließ zu der Sünde Tor und Tür;
treib alle Unreinigkeit hinaus
aus deinem Tempel, deinem Haus.

EG 389,1
Heinrich Georg Neuss 1703

Der Gott des alten Testaments ist – das kann man mit Fug und Recht behaupten – die unangenehmste Gestalt der gesamten Literatur: Er ist eifersüchtig und auch noch stolz darauf; ein kleinlicher, ungerechter, nachtragender Überwachungsfanatiker; ein rachsüchtiger, blutrünstiger ethnischer Säuberer; ein frauenfeindlicher, homophober, rassistischer, Kinder und Völker mordender, ekliger, größenwahnsinniger, sadomachistischer, launisch-boshafter Tyrann.

Richard Dawkins

Es ist völlig einleuchtend, ...dass die menschliche Aggressivität über alles Maß hinauswachsen muss, wenn allenthalben in der Gnadenlosigkeit einer Welt ohne Gott der Kampf ums Überleben jeden Menschen zum Feind des anderen macht; und dass die Sexualität zu allen Formen der Perversität degenerieren muss, wenn ihr die Aufgabe zufällt, eine absolute Bestätigung und Sinngebung des eigenen Lebens hervorzubringen und damit die metaphysische Unruhe des Daseins zu besänftigen.

Eugen Drewermann

Sünden der Väter

Josef F.s Großvater war ein gewalttätiger Mann. Skrupellos schwängerte er andere Frauen, um die Kinderlosigkeit seiner Frau zu beheben. Die Kinder, die er zeugte, wurden adoptiert.

Josef F.s Mutter – eins dieser Kinder – verhält sich ähnlich. Weil ihre Ehe kinderlos bleibt, lässt sie sich von einem wildfremden Mann schwängern. Sie bringt Josef F. zur Welt, nur um zu beweisen, dass die Kinderlosigkeit nicht an ihr liegt.

Mit dem Beweis ihrer Fruchtbarkeit ist die Funktion, die seine Mutter Josef F. zugedacht hatte, erfüllt. Sie enthält ihm alles vor, was er als Kind zum Gedeihen braucht. Anstatt ihm Liebe und Aufmerksamkeit zu schenken, schlägt sie ihn. Mitleid kennt sie nicht. Wann immer ihr danach ist, lässt sie ihn allein. Er ist voller Angst, dass sie gar nicht wiederkommt – trotz der Abneigung und Schläge, die sie ihn spüren lässt.

Sobald er lesen kann, verkriecht er sich hinter seinen Schulbüchern. Ein ihm freundlich gesonnener Lehrer bestärkt ihn darin. Als sie ihm den Zugang zu weiteren Büchern verwehren will, wächst das Verlangen, gegen die Mutter anzugehen. Als sie ihn deswegen verprügeln will, droht er damit, zurückzuschlagen. Die Mutter schreckt zurück. Die Rollen vertauschen sich.

Die Erfahrung löst bei dem pubertierenden Jungen triumphale Machtgefühle aus. Seine erwachende Sexualität ist fortan von Allmachtsphantasien und dem Bedürfnis, sie zu befriedigen, bestimmt. Die frühkindliche Ohnmacht und Angst, verlassen zu werden, schlägt um ins Verlangen, einen Menschen zu unterwerfen und uneingeschränkt zu besitzen.

Als sich seine 19-jährige Tochter weigert, ihm zu willen zu sein, sperrt er sie ein und hält sie 24 Jahre lang in einem unterirdischen Verlies gefangen, in dem er sie wieder und wieder vergewaltigt und über 7 Kinder mit ihr zeugt. – Was muss geschehen, dass diese Kinder nicht heimgesucht werden von Sünden der Väter und weitergeben, was ihnen angetan worden ist?

Ein jegliches Ding hat seine Zeit,
und alles Vorhaben unter dem Himmel hat seine Stunde: …
weinen hat seine Zeit, lachen hat seine Zeit;
klagen hat seine Zeit, tanzen hat seine Zeit.

Prediger Salomo 3,1 und 4

Hüpf auf, meine Herz, spring, tanz und sing,
in deinem Gott sei guter Ding,
der Himmel steht dir offen.
Lass Schwermut dich nicht nehmen ein,
denn auch die liebsten Kinderlein
hat stets das Kreuz betroffen.
Drum sei getrost und glaube fest,
dass du noch hast das Allerbest
in jener Welt zu hoffen.

EG 399,7
Johannes Mühlmann 1618

Mitleid
Wer Mitleid fühlen will mit einem Europäer, muss ihn tanzen sehen.
(Afrikanischer Christ über seine weißen Brüder)

Kurt Marti

Ein jeglicher aber, der da kämpft, enthält sich alles Dinges;
jene nun, dass sie einen vergänglichern Kranz empfangen,
wir aber einen unvergänglichen.

Paulus
1. Korinther 9,25

Tanzen und Springen

Er ist einer der Wettkämpfer, die man nicht vergisst. Dabei hat Eric Massambni aus Westafrika auf der Olympiade 2000 in Sydney keinen Weltrekord aufgestellt, der Massen in Begeisterung versetzt. Was die Zuschauer im Schwimmstadion von den Sitzen riss, war sein offensichtliches Unvermögen. Auf den letzten Metern wäre er beinahe ertrunken. Nur mit äußerster Anstrengung konnte er seinen Kopf über Wasser halten und den Anschlag am Beckenrand erreichen.

Nach dem Rennen musste er japsend zugeben, dass er die hundert Meter nie zuvor in einem Stück geschwommen hatte. In seiner Heimat konnte er nur in einem 20-Meter-Becken trainieren. Dass er überhaupt an den Olympischen Spielen teilnahm, hatte er einem Sonderprogramm für Sportler aus ärmeren Ländern zu verdanken. Hätte er sich bei einem Wettkampf für die Olympiade qualifizieren müssen, wäre er nie dort hingekommen.

Kurz vor dem Start seines Wettkampfs waren zwei seiner Mitstarter disqualifiziert worden. Deshalb musste er den Vorlauf in der Olympischen Halle allein absolvieren. So ist er nicht einmal Letzter geworden. Die Zeit, die er geschwommen ist, wird als die langsamste aller geschwommenen Zeiten in die olympische Geschichte eingehen. Aber das war ihm überhaupt nicht wichtig. Er war dabei gewesen. Das zählte für ihn.

Was er denn nun machen würde, wurde er nach seinem ersten und letzten Wettkampf von einem Sportjournalisten gefragt. „Vor Freude tanzen und springen", brachte er – immer noch japsend – mühsam hervor. Wobei seine Augen vor Freude strahlten.

So kann es auch gehen. Sich freuen können, einfach dabei zu sein, unabhängig davon, was man leistet und vollbringt. Warum tun wir uns so schwer damit? Wenn es stimmt, dass Gott uns annimmt, wie wir sind, was hindert uns, es nicht auch selber tun?

Denn das ängstliche Harren der Kreatur wartet, dass Gottes Kinder offenbar werden. Es ist ja die Kreatur unterworfen der Vergänglichkeit – ohne ihren Willen, sondern um des willen, der sie unterworfen hat – auf Hoffnung, denn auch die Kreatur wird frei werden von der Knechtschaft des vergänglichen Wesens zu der herrlichen Freiheit der Kinder Gottes.

Römer 8,19–21

Wir wollen gut verwalten, / was Gott uns anvertraut,
verantwortlich gestalten, / was unsere Zukunft baut.
Herr, lass uns nur nicht fallen/ in Blindheit und Gericht.
Erhalte uns und allen/ des Lebens Gleichgewicht.

EG 641,4
Detlev Block

Das derzeit gebräuchlichste Verfahren zur Bestandstötung vor Ort ist die Tötung mit Kohlendioxid. Nach den Vorgaben der Tierschutz-Schlachtverordnung (TierSchlV Anlage 3 Teil II NR.4.9.) müssen die Tiere in eine Kohlendioxidkonzentration von mindestens 80 Volumenprozent eingebracht werden, die aus einer Quelle von 100%igem Kohlendioxid erzeugt wird, und darin bis zum Eintritt ihres Todes, mindestens jedoch 10 Minuten, verbleiben.

Was wir brauchen sind Demütige,
die aus Liebe und Respekt vor jeder Kreatur wissen,
dass sie nur mit allen anderen –
nur mit allen anderen zusammen etwas wert sind.
Nicht der Alleskönner, nicht der Allwissende
Und alles Beherrschende,
sondern der sich Bescheidende,
der mit dem Herzen die Wissenschaft vermenschlicht
und mit Heiterkeit die Herrschaften verunsichert.
Der mit den Schwachen eine Schwäche für den Frieden hat.

Hanns Dieter Hüsch

Tierische Qualen

„Es liegt nicht an der Vogelgrippe, wenn jetzt Tausende von Puten und Enten auf bedenkliche Art und Weise getötet werden. Seuchen hat es zu allen Zeiten geben. Dass die Vogelgrippe ganze Bestände befällt, liegt allein daran, dass die Tiere nicht artgerecht gehalten werden", erklärte er Reportern, die danach fragen.

Er ist Tierarzt und weiß, wovon er redet. Über 600 000 Enten, Puten und Hühner mussten 2008 in der Region Weser-Ems wegen der Seuche „gekeult" werden, manchmal 10 000 in einer Nacht. Damit dies möglichst schonend vor sich geht, muss laut Verordnung CO_2 in hoher Konzentration als Tötungsmittel eingesetzt werden. Ihm ist schleierhaft, wie das bei der großen Zahl der Tiere zu schaffen ist: „Durch Zeitdruck wird das Gas einfach in die Ställe geleitet, was nur einen allmählichen CO_2-Anstieg bewirkt. Das Flügelschlagen der Tiere vermischt das Gas mit Luft und verdünnt das CO_2", erklärt er den Journalisten: „Sie können davon auszugehen, dass die Tieren über längere Zeit Schmerzen und Qualen erleiden."

Die Qualen, die Tiere nicht nur am Ende ihres Lebens erleiden, haben ihn zu einem entschiedenen Gegner von Massentierhaltung gemacht. Als Veterinär im staatlichen Untersuchungsamt hat er es immer wieder mit verstümmelten Tieren zu tun. Damit sie sich in den viel zu engen Ställen nicht verletzen, schneidet man Puten, Enten und Hennen die Schnäbel ab, was zu bleibenden Schmerzen führt. Seither setzt er sich als überzeugter Christ für eine artgerechte Tierhaltung ein.

Leider hat er die Erfahrung gemacht, dass seine Eingaben von den zuständigen Behörden nur unwillig zur Kenntnis genommen werden. „Offensichtlich wird immer noch nicht akzeptiert, dass Tiere keine bloßen Verbrauchsgegenstände, sondern schmerz- und leidensfähige Geschöpfe sind", stellt er ernüchtert fest.

Zum Vegetarier oder Veganer ist er darüber nicht geworden. Wenn ihm ein gutes Stück Fleisch serviert wird, lehnt er es nicht ab – allerdings nur von Tieren, die artgerecht gehalten worden sind.

Denn er hat seinen Engeln befohlen,
dass sie dich behüten auf allen deinen Wegen.

Psalm 91,11

Deinen Engel zu mir sende, der des bösen Feindes Macht,
List und Anschlag von mir wende und mich halt in guter Acht,
der auch endlich mich zur Ruh trage nach dem Himmel zu.

EG 445,7
Heinrich Albert 1642

Engel
Es müssen nicht Männer mit Flügeln sein,
die Engel.
Sie gehen leise, sie müssen nicht schrein,
oft sind sie alt und hässlich und klein,
die Engel.
Sie haben kein Schwert, kein weißes Gewand,
die Engel.
Vielleicht ist einer, der gibt dir die Hand,
oder er wohnt neben dir, Wand an Wand,
der Engel.
Dem Hungernden hat er das Brot gebracht,
der Engel.
Dem Kranken hat er das Bett gemacht,
und er hört, wenn du ihn rufst, in der Nacht,
der Engel.
Er steht im Weg, und er sagt: Nein,
der Engel,
groß wie ein Pfahl und hart wie ein Stein –
es müssen nicht Männer mit Flügeln sein,
die Engel.

Rudolf Otto Wiemer

Er ist Handwerker gewesen – ein stattlicher, vor Kraft strotzender Mann. Er stand mit beiden Beinen mitten im Leben und wusste sich stets zu helfen. Als ihn im Alter die Kräfte verließen, hatte er niemanden, der ihn pflegen konnte. Seine Frau war verstorben. Mit seiner Tochter hatte er sich überworfen. Notgedrungen ist er mit 84 Jahren ins Alten- und Pflegeheim gezogen.

Als er sein nahendes Ende verspürte, wurde er von einer starken inneren Unruhe ergriffen, die ihn nicht losließ. Er konnte nachts nicht richtig schlafen. Und wenn er schlief, litt er unter Träumen, die ihn auch tagsüber verfolgten.

Der Altenpflegerin, die den Nachtdienst ausübte, blieb sein Zustand nicht verborgen. Sie hatte ein Gespür dafür entwickelt, wenn mit einem Bewohner etwas nicht stimmte. Wenn sie Zeit hatte, setzte sie sich zu ihm. Anfangs saß sie nur da, hielt seine Hände oder steckte eine Kerze an. Sie wusste, dass es älteren Menschen schwer fällt, über Dinge zu reden, die sie innerlich belasten. Bis sie das können, braucht es intensiver Zuwendung und Geduld.

Als er begann, von sich zu erzählen, hörte sie zu, auch wenn es immer wieder um das Gleiche ging: das Zerwürfnis mit seiner Tochter, seinen Ärger, dass es so weit gekommen war, seine Verbitterung, dass sie ihn nicht besuchen kam, wo es doch nun mit ihm zu Ende ging. Schließlich vertraute er ihr an: Es sei alles seine Schuld. Ein Geständnis. Es habe an ihm gelegen, dass die Beziehung in die Brüche ging.

Die Altenpflegerin zeigte Verständnis für ihn. Sie nahm ihn ernst. Sie redete sein Schuldeingeständnis nicht klein. Er fühlte sich verstanden. Er brauchte nicht mehr darum herum zu reden. Es war eine Erlösung für ihn. Der Konflikt mit seiner Tochter bedrängte ihn nicht mehr. Die Unruhe ließ nach. Sie lud ihn ein, am Gottesdienst im Pflegeheim teilzunehmen. Er empfing das Abendmahl. Als er starb, war er mit sich und seinem Schicksal versöhnt.

Gelobt sei Gott, der Vater unseres Herrn Jesus Christus, der Vater der Barmherzigkeit und Gott alles Trostes, der uns tröstet in aller unserer Trübsal, damit wir trösten können, die da sind in allerlei Trübsal, mit dem Trost, mit dem wir selber getröstet werden von Gott.

2. Korinther 1,3–4

Bewahre uns, Gott, / behüte uns, Gott, /sei mit uns in allem Leiden.
Voll Wärme und Licht/ im Angesicht, / sei nahe in schweren Zeiten.
Voll Wärme und Licht / im Angesicht, / sei nahe in schweren Zeiten.

EG 171,2
Eugen Eckert

Trösten
Für die Leidenden denken, die gequält sind,
die keine Zeit besitzen zu denken.

Carl Einstein

Ohne Trost kannst du nicht leben.
Trost ist aber nicht
Alkohol, Schlafmittel, Spritze,
die dich vorübergehend betäuben
und dich dann hineinstürzen
in eine noch schwärzere Nacht.
Trost ist keine Flut von Worten.
Trost ist wie eine lindernde Salbe
auf einer schmerzende Wunde.
Trost ist wie eine unverhoffte Oase
in einer unbarmherzigen Wüste.
Trost ist wie ein gütiges Gesicht in deiner Nähe
von jemandem, der deine Tränen versteht.

Phil Bosmann

Sie lebt in einer kleinen Wellblechhütte in Namibia. Ihr ganzes Hab und Gut besteht aus einer alten Matratze, ein paar zerschlissenen Decken und einigen Gerätschaften, die auf dem Boden liegen. Zwei Behälter fangen das Regenwasser auf, das durch das Dach heruntertropft. Es fällt ihr schwer, sich aufzurichten. Zu sehr ist sie geschwächt. Nur mit Mühe gelingt es ihr, zur Toilette zu gelangen - einem Holzverschlag neben ihrer Hütte. Bis dahin schafft sie es gerade noch.

Anna ist 40 Jahre alt und weiß, dass sie nicht mehr lange zu leben hat. Zwar wurde sie erst vor wenigen Monaten angesteckt. Aber nach kurzer Zeit hatte der Virus ihr ganzes Immunsystem außer Kraft gesetzt. Die tiefliegenden Augen, die dünnen Arme und Beine, die wunden Stellen auf der Haut sprechen eine deutliche Sprache …

Ihr Partner hat sich nicht testen lassen. Er weigert sich zuzugeben, dass er sie angesteckt hat. Seine Suche nach Gelegenheitsjobs ist so gut wie erfolglos. Sie muss alleine sehen, wie sie zu Recht kommt. Ihre Medikamente bekommt sie umsonst. Sie soll sie regelmäßig nach den Mahlzeiten einnehmen. Was soll sie machen, wenn sie nichts zu essen hat? Hin und wieder bringt ihr jemand aus der Nachbarschaft etwas vorbei.

Ihre Familie aber meidet sie, seit klar ist, dass sie Aids hat. Ihre Angehörigen, die ganz in der Nähe wohnen, besuchen sie nicht. Anna möchte mit ihnen über ihren Tod sprechen. Und was aus ihren beiden Kindern werden soll, die bei den Verwandten wohnen. Aber ihre Angehörigen wollen das nicht.

Ab und an kommt jemand vom Aidsprogramm der lutherischen Kirche in Namibia vorbei: freiwillige Helfer, die ausgebildet wurden, um aidskranke Menschen seelsorgerlich zu begleiten. Sie haben es sich zur Aufgabe gemacht, die Mauer der Gleichgültigkeit und des Verschweigens zu durchbrechen, die Aidskranke umgibt. Vielmehr können sie kaum ausrichten, aber es tröstet Anna, wenn sie gemeinsam beten und ihre Nöte und Ängste beklagen und beweinen.

Fürwahr, er trug unsere Krankheit und lud auf sich unsere Schmerzen. Wir hielten ihn für den, der geplagt und von Gott geschlagen und gemartert wäre.

Aber er ist um unserer Missetat willen verwundet und um unserer Sünde willen zerschlagen.

Die Strafe liegt auf ihm, auf dass wir Frieden hätten, und durch seine Wunden sind wir geheilt.

Jesaja 53,4–5

Holz auf Jesu Schulter, / von der Welt verflucht,
ward zum Baum des Lebens / und bringt gute Frucht.
Kyrie eleison, / sieh, wohin wir gehen.
Ruf uns aus den Toten, / lass uns auferstehen.

EG 97,1
Jürgen Henkys (1975) 1977

Auferstehung des Fleisches
Und ich frag' mich und frage die Freunde:
Verspricht „Auferstehung des
Fleisches"
am Ende vielleicht
den heiligen Zorn des verratenen
Schöpfers,
den Triumph des hingerichteten
Sohnes,
die Sehnsucht der exilierten Geistin
nach einer Heimat endlich im
Fleisch?

Kurt Marti

Tübkes Schmerzensmann

Er hatte den Krieg als Jugendlicher unbeschadet überlebt. Als er zu Ende ging, saß Werner Tübke zu Hause im Garten und malte Pflanzenaquarelle: Bilder einer heilen Welt. In seinen späteren Bildern ist davon nichts mehr zu finden.

Der Künstler Werner Tübke hat Schreckliches erlebt in sowjetischer Haft. Ein russischer Offizier war erschossen worden. Als Täter wurde ein Schüler des Gymnasiums verdächtigt, das Tübke besuchte. Tübke wurde mitten aus dem Unterricht heraus verhaftet und eingesperrt. Obwohl er unschuldig war, versuchte man ein Geständnis aus ihm herauszukriegen. Er wurde geprügelt und gefoltert, man ließ ihn bis zum Hals im eiskalten Wasser stehen. „Wenn einem das Fleisch buchstäblich an den Knochen herunterrutscht, sagt man alles, was man hören will", gab er später zu verstehen.

Die erlittenen Torturen bestimmen fortan sein Werk. In Frankenhausen malt er ein gewaltiges Panorama mit Szenen zum Bauernkrieg. Die Menschen der Reformationszeit sind dargestellt wie Marionetten – ganz gleich, ob arm und reich, jung und alt, Lebende und Tote, sie alle stürzen dem Abgrund entgegen.

Einziger Lichtblick in diesem schrecklichen Szenario ist Tübkes Schmerzensmann. Mal erscheint er als Harlekin, mal als Narr, mal als Passionsgestalt. Er verhält sich anders als all die hinfälligen Kreaturen, die nichts als Unheil anrichten im Getriebe der Welt. Er kommt völlig gewaltlos daher, erträgt lieber Schmerzen, als sie anderen zuzufügen. Zwar wird auch er dem Tod ausgeliefert, aber mit ihm verbindet der Künstler die Hoffnung auf die Erneuerung der Welt.

Tübke vermochte nicht, an eine bessere Welt durch Menschhand zu glauben. Auf seinen letzten Bildern fließen in leuchtenden Farben göttliche Gnadenströme vom Himmel herab: Gräber öffnen sich, Tote stehen auf, werden vom Heiligen Geist erfüllt und der Schmerzensmann steigt wie Christus vom Himmel herab, um die Menschheit zu erlösen.

Denn unser Wissen ist Stückwerk, und unser Weissagen ist Stückwerk. Wenn aber kommen wird das Vollkommene, so wird das Stückwerk aufhören. Da ich ein Kind war, da redete ich wie ein Kind und war klug wie ein Kind und hatte kindliche Anschläge; da ich aber ein Mann ward, tat ich ab, was kindlich ist. Wir sehen jetzt durch einen Spiegel in einem dunklen Wort; dann aber von Angesicht zu Angesicht. Jetzt erkenne ich stückweise; dann aber werde ich erkennen, wie ich erkannt bin.

1. Korinther 13,9–12

Seht ihr den Mond dort stehen?
Er ist nur halb zu sehen
Und ist doch rund und schön!
So sind wohl manche Sachen,
die wir getrost belachen,
weil unsere Augen sie nicht sehen.

EG 482,3
Matthias Claudius

Ein schielendes Huhn sah die ganze Welt etwas schief und glaubte daher, sie sei tatsächlich schief. Auch seine Mithühner und den Hahn sah es schief. Es lief immer schräg und stieß oft gegen die Wände. An einem windigen Tag ging es mit seinen Mithühnern am Turm von Pisa vorbei. „Schaut euch das an", sagten die Hühner, „der Wind hat diesen Turm schiefgeblasen." Auch das schielende Huhn betrachtete den Turm und fand ihn völlig gerade. Es sagte nichts, dachte aber bei sich, dass die anderen Hühner womöglich schielten.

Luigi Malerba

Bei einem Aufenthalt in München hatte er Zeit, in einige der berühmten Gemäldegalerien zu gehen. Die berühmten Gemälde, die dort hingen, kannte er bislang nur aus Alben oder Kunstkalendern. Jetzt hingen sie vor ihm. In der Galerie waren auch einige Installationen zeitgenössischer Künstler zu sehen: Gebilde aus Metallteilen, zerrissenen Stoffen und anderes mehr. Er tat sich schwer damit.

Am Ende der Ausstellung machte ihn eine Lichtinstallation von James Tyrell doch noch neugierig. Durch einen dunklen Gang gelangte er in einen Raum, der von einem diffusen Licht erfüllt war. Überrascht blieb er stehen. Vor ihm befand sich eine große lichtgrüne Fläche. Während sich seine Augen langsam an das Halbdunkel gewöhnten, schien eine Veränderung mit der schillernden Fläche vor sich zu gehen. Vorsichtig wollte er die Fläche berühren. Doch da war nichts. Seine Hände griffen ins Leere. Hinter der imaginären Fläche tat sich ein Raum auf, der sich in einem Meer von Nebelschwaden zu verlieren schien. Eine optische Täuschung.

Sollte es sich mit der Wahrnehmung unserer Wirklichkeit insgesamt so verhalten wie mit dieser Installation? Dass man ihre Tiefe nur wahrnimmt, wenn man bereit ist, sich meditierend auf sie einzulassen, und nicht nur an der Oberfläche verweilt – so schillernd und faszinierend sie auch erscheinen mag? Was hindert uns, auch hinter die Dinge zu schauen – die Sorge, man könnte sich darin verlieren?

Was an der Oberfläche erscheint, lässt sich messen, berechnen. Die Welt hinter den Dingen ist nicht in gleicher Weise wahrnehmbar. „Das Wesentliche ist für die Augen unsichtbar", sagt Antoine de Saint Exupéry. Die Welt hinter den Dingen kann man nur mit dem inneren Auge sehen.

So betrachtet ist das Kunstwerk „Two sides light" von James Tyrell ein Lehrstück des Glaubens – als Anregung, hinter die Dinge zu sehen und zu erkennen, dass es hinter allen Äußerlichkeiten noch etwas anderes zu entdecken gibt.

Er führt mich hinaus ins Weite, er riss mich heraus;
denn er hatte Lust zu mir.

Psalm 18,20

Auf, auf, gib deinem Schmerze und Sorgen gute Nacht,
lass fahren, was das Herze betrübt und traurig macht;
bist du doch nicht Regente, der alles führen soll,
Gott sitzt im Regimente und führet alles wohl.

EG 361,7
Paul Gerhard 1653

Tirily! Tirily! Ich lebe!
Ich fühle den süßen Schmerz der Existenz …

Heinrich Heine

Meine Vergangenheit kümmert mich nicht mehr, sie gehört dem göttlichen Erbarmen. Meine Zukunft kümmert mich noch nicht, sie gehört der göttlichen Vorsehung. Was mich kümmert, ist das Hier und Jetzt und Heute; das aber gehört Gottes Gnade und der Hingabe meines guten Willens.

Franz von Sales

Das Leben gleicht einer kurvenreichen Strecke.
Man sieht immer nur bis zur nächsten Straßenbiegung.
Aber es genügt, dass Gott die ganze Strecke überblickt.

Anton Knerr

Sein Leben lang hat Uli K. die Losung der Herrnhuter Brüder-
gemeine gelesen. So auch am Morgen des Tages, an dem die Untersuchung des Blasentumors im Krankenhaus anstand. Er war
schon vor einigen Jahren entdeckt worden. Aber da er nicht
wuchs, hatte er einen Eingriff immer wieder hinausgeschoben.

Die Losung verhieß nichts Gutes. „Dein Schaden ist verzweifelt böse, und deine Wunden sind unheilbar", stand da. Alles
Weitere nahm er kaum noch zur Kenntnis: „Aber ich will dich
wieder gesund machen und deine Wunden heilen". (Jeremia
30,12 u. 17) Der Schreck, der ihm beim Lesen des ersten Satzes in
die Glieder gefahren war, war einfach zu groß.

Mit Zittern und Zagen ließ er die Untersuchung über sich ergehen. Das Ergebnis bestätigte seine schlimmsten Befürchtun-
gen. Das Geschwür hatte zu wachsen begonnen. Wenn er nicht
schleunigst operiert würde, würde er nicht nur die Blase, sondern auch die Nieren verlieren.

Der Eingriff erfolgte am 4.Juni. Er suchte Kraft in dem Gebet:
„Meine ganze Ohnmacht, was mich beugt und lähmt, bringe ich
vor dich. Wandle sie in Stärke: Herr erbarme dich." Als er aus
der Narkose erwachte, war eingetreten, wovor er immer Angst
gehabt hatte. Man hatte seine Blase entfernt und einen künstlichen Ausgang gelegt.

Er tat sich schwer damit. Trotzdem ging seine Genesung zügig
voran. Drei Wochen später teilten ihm die Ärzte nach der Visite
mit: „Das sieht gut aus. Wir können Sie heute entlassen." „Das
habe ich mir gedacht", gab er zur Antwort. Erstaunt blickten sie
ihn an: „Wieso?" „Ich hab's aus der Losung für heute: Er führt
mich hinaus ins Weite, er riss mich heraus; denn er hatte Lust zu
mir."

Wenn er von seiner Genesung erzählt, strahlt er über das ganze Gesicht: „Wunden heilen. An den künstlichen Ausgang mit
allem Drum und Dran gewöhnt man sich. Ich kann gut leben
damit, seit ich weiß, dass nicht die Ärzte, sondern Gott meine
Termine macht."

Du sollst deinen Vater und deine Mutter ehren, auf dass du lange lebest in dem Lande, dass dir der Herr, die n Gott, geben wird.

2. Mose 20,12

Ja, ich will euch tragen / bis ins Alter hin.
Und ihr sollt einst sagen, / dass ich gnädig bin.
Lasst nun euer Fragen, / Hilfe ist genug.
Ja, ich will euch tragen, / wie ich immer trug.

EG 380,1
Jochen Klepper 1938

Der Großvater, so hatten seine Kinder beschlossen, sollte in ein Altersheim gebracht werden; keines der Kinder war bereit, ihn in der eigenen Familie aufzunehmen. Er wehrte sich innerlich und nach außen hin vehement dagegen, war und blieb aber der Unterlegene.
Gut eine Woche verbrachte er im Altersheim, dann wurde er krank und starb wenige Tage später. Der Tod war sein letztes Mittel, um sich gegen den Willen seiner Kinder zur Wehr und sie schließlich ins Unrecht zu setzen.

Beratungsstelle für Gestaltung

Respekt
Niemand will wissen, was ihm im Alter bevorsteht. Wir sehen es zwar aus nächster Nähe täglich, aber um uns selbst zu schonen, machen wir aus dem Altern ein Tabu. Das Gebot, das Alter zu ehren, stammt aus Epochen, als hohes Alter eine Ausnahme darstellte. Wird heute ein alter Mensch gepriesen, so immer durch Attest, dass er verhältnismäßig noch jung sei, geradezu noch jugendlich. Unser Respekt beruht immer auf einem Noch („noch unermüdlich", „noch heute eine Erscheinung", „durchaus noch beweglich in seinem Geist"). Unser Respekt gilt in Wahrheit nie dem Alter, sondern ausdrücklich dem Gegenteil: dass jemand trotz seiner Jahre noch nicht senil sei.

Max Frisch

160

Vater und Mutter ehren

Es ist eine Szene, die schockiert: Eine Familie macht einen Ausflug. Man fährt aufs Land. Opa ist auch dabei. Auf einem Rastplatz angekommen, setzen die Angehörigen den Opa in einen Rollstuhl – und fahren davon. Neben dem alten Mann sieht man zahlreiche andere Menschen, abgeschoben, alleingelassen, ausgesetzt. Bilder aus dem Kurzfilm „Der Ausflug", die wachrütteln wollen. Wie haltet ihr es mit älteren Menschen? Nehmt ihr euch genug Zeit? Hört ihr zu? Oder lasst ihr sie allein?

Als Moses dem Volk Israel die zehn Gebote übergab, da stand eines ganz oben. Das vierte Gebot. Es regelt das Zusammenleben von alten und jungen Menschen. Da heißt es: „Du sollst deinen Vater und Mutter ehren, auf dass du lange lebest in dem Lande, dass dir der Herr, dein Gott, geben wird." Ein Generationenvertrag aus biblischer Zeit, der es schon damals in sich hatte.

Denn Moses übergab dem Volk Israel die Zehn Gebote mitten in der Wüste. 40 Jahren war sie unterwegs. Warum hat Moses die Alten überhaupt mitgeschleppt? Die Alten waren nutzlos, für den Kampf zu schwach und für die Jagd nicht schnell genug. Lag es da nicht nahe, sie auf einem Rastplatz zurückzulassen? Trotzdem hat Moses sie nicht einfach ausgesetzt.

Wir befinden uns weder in einer Wüste noch auf der Flucht. Und doch gibt es Leute, die meinen, es gäbe zu viele alte Menschen. Jede Generation solle für sich selber sorgen. Mit dieser Einstellung hätten die Israeliten die Wüstenwanderung mit Sicherheit nicht überlebt.

Wir sind am schwächsten von allen Lebewesen. Nackt und hilflos kommen wir auf die Welt. Von Kindheit an sind wir aufeinander angewiesen. Das gilt besonders, wenn wir alt und schwächer werden.

Moses selbst ist 120 Jahre alt geworden. So wie er für die Alten und Schwachen gesorgt hatte, haben seine Nachkommen für ihn gesorgt. In der Bibel steht geschrieben: Trotz seines hohen Alters waren „seine Augen nicht getrübt. Frische war noch nicht geschwunden."

Und dienet einander, ein jeglicher mit der Gabe, die er empfangen hat,
als die guten Haushalter der mancherlei Gnade Gottes.

1. Petrus 4,10

Herr,
wir haben viele Probleme,
mit denen wir nicht fertig werden.
Aber lass uns darüber hinaus nicht vergessen,
dass auch andere Menschen Probleme haben,
die oftmals schwerwiegender sind
als unsere eigenen.
Deshalb gib uns die Kraft zu helfen, wo wir helfen können.

Heidi Carl

Fürbitte
Gebet als Fürbitte kann ein Versuch zur Bemächtigung, zur Fernlen-
kung anderer sein, aber auch eine Äußerung hilfloser Zärtlichkeit, der
Wunsch, einen anderen Menschen und die Wege, die er geht, liebend
zu meditieren.

Kurt Marti

Der wichtigste Ort ist immer der, an dem du dich gerade befindest;
die wichtigste Tat, die du im Augenblick vorhast,
und der wichtigste Mensch, der dir gerade gegenüber steht
und dich braucht.

Russische Weisheit

„Na, haben Sie für mich mit gebetet?", hat er spöttisch gefragt, als sie nach der Morgenandacht das Krankenhauscafé betrat. „Klar", hat sie lachend geantwortet – und hat ihm dabei zugezwinkert, vertraut, wie sie inzwischen miteinander sind. Er ist seit mehreren Wochen dort. Sie arbeitet als Seelsorgerin in dem christlichen Krankenhaus. Obwohl er sagt, dass er nicht an Gott glaubt und sich als Atheist bezeichnet, hat er nichts dagegen, dass sie für ihn mit betet.

Viel hat er nicht mehr vom Leben zu erwarten. Als er arbeitslos wurde, hat er zu trinken begonnen und alles, was er hatte, auf den Kopf gehauen: zuerst sein Auto, dann seine gesamte Einrichtung. Schließlich hat er auch noch seine Wohnung verloren, weil er die Miete nicht mehr bezahlt hat. Als alles weg war, hat ihn seine Freundin verlassen.

Weil er keinen Ausweg mehr wusste, hat er sich „mit besoffenem Kopp" – wie er zu sagen pflegt – das Leben nehmen wollen und ist vor ein Auto gerannt. Jetzt liegt er im Krankenhaus. 14 Operationen hat er schon hinter sich. Die schwierigsten noch vor sich, damit er nicht zeitlebens auf ein Stützkorsett angewiesen ist.

Ob er Angst davor hat, hat sie ihn gefragt. „Ach was!", hat er großspurig geantwortet. „Wer das überlebt hat, was ich mitgemacht habe, kennt keine Angst mehr."

Es klang ziemlich großspurig und aufgesetzt. Sie hat das so stehen lassen und nicht hinterfragt. Dafür hat sie selber schon genügend durchgemacht, um nicht nachzuempfinden, was los ist in ihm – trotz der großen Sprüche, die er von sich gibt. Sie hört ihm einfach zu, um ihm beizustehen, und wenn sie eine Andacht hält, betet sie für ihn.

Die Kapelle im Krankenhaus hat er bislang nicht betreten. Aber dass sie für ihn – wie für alle Patienten vor einer Operation – eine Kerze anzündet, das weiß er. „Na ja, wenn Sie daran glauben …". Er grinst verlegen, als er das sagt. Aber es hat ganz den Anschein, als tät es ihm gut.

Der Tod ist verschlungen in den Sieg. Tod, wo ist dein Stachel? Hölle, wo ist dein Sieg? Aber der Stachel des Todes ist die Sünde; die Kraft aber der Sünde ist das Gesetz. Gott aber sei Dank, der uns den Sieg gibt durch unsern Herrn Jesus Christus.

1. Korinther 15,55

Breit aus die Flügel beide,
o Jesu, meine Freude,
und nimm dein Küchlein ein.
Will Satan mich verschlingen,
so lass die Englein singen:
„Dies Kind soll unverletzet sein."

EG 477,8
Paul Gerhard 1647

Es war einmal ein Mann, den ängstigte der Anblick seines eigenen Schattens so sehr, dass er beschloss, ihn hinter sich zu lassen. Er sagte zu sich: Ich laufe ihm einfach davon. So stand er auf und lief davon. Aber sein Schatten folgte ihm mühelos. Er sagte zu sich: Ich muss schneller laufen. Also lief er schneller und schneller, lief so lange, bis er tot zu Boden sank.

Wäre er, sagt der chinesische Weise, wäre er einfach in den Schatten eines Baumes getreten, so wäre er seinen eigenen Schatten losgeworden. Aber darauf kam er nicht.

Thomas Merton

Als Kind hatte er des Öfteren ein und denselben Traum. Er spielte ohne jede Angst allein im Wald. Plötzlich tauchte ein Ungeheuer hinter ihm auf. Erschrocken lief er fort. Er rannte, so schnell er nur konnte. Der Wald wurde lichter. Vor ihm lag das Dorf. Nur noch die Straße entlang und schnell nach Hause. Er schien dem Ungeheuer zu entkommen.

Doch dann das Entsetzen. Seine Beine wurden immer langsamer. Sie ließen sich kaum noch bewegen. Sie waren wie gelähmt. Wie sehr er sich auch mühte, er spürte, dass er die Füße kaum noch vom Straßenpflaster hoch bekam. Sie schienen daran festzukleben. Trotz größter Anstrengung kam er nicht mehr voran. Er spürte, dass das Ungeheuer immer näher kam. Endlich, da, die rettende Haustür. In letzter Sekunde kam er hinein. Aber er bekam die Tür nicht mehr zu. Langsam wurde sie aufgedrückt. So sehr er sich auch dagegen stemmte, der Spalt wurde größer, und langsam und sicher schob sich das Ungeheuer hinein.

An dieser Stelle hat er im Schlaf geschrien und ist aufgewacht: Schweißgebadet, die Muskeln der Beine ganz angespannt. Das Licht ging an. Die Mutter kam herein. Die Bedrohung war weg. Alles war gut.

Merkwürdigerweise, so erzählte er, habe er den Traum eines Nachts ganz anders zu Ende geträumt. Im Augenblick, als die Tür gänzlich offen stand, habe er sich ein Herz gefasst und sei mit aller Kraft dem Ungeheuer entgegengesprungen – das Ungeheuer verschwand und mit ihm alle Angst. Als habe sich in diesem Moment eine biblische Verheißung erfüllt, die sagt: „Der Tod ist verschlungen in den Sieg."

Es gibt Dinge, die Menschen bis in den Schlaf verfolgen. Ereignisse, Widerfahrnisse, Begebenheiten, die einem auf dem Herzen liegen. Auch die Angst vor dem Tod. Es hat keinen Zweck, davor davonzulaufen. Irgendwann wird man doch eingeholt – nicht nur im Traum. Besser ist es, sich dem zu stellen, darauf vertrauend, dass gilt, was die Bibel verheißt.

MITTEN IM LEBEN

Dein Wort ist meines Fußes Leuchte und mein Licht auf meinem Wege.

Psalm 119,105

Vertraut den neuen Wegen / auf die uns Gott gesandt!
Er selbst kommt uns entgegen. / Die Zukunft ist sein Land.
Wer aufbricht, der kann hoffen / in Zeit und Ewigkeit.
Die Tore stehen offen. / das Land ist hell und weit.

EG 395,3
Klaus Peter Hertzsch 1989

Sorge dich nicht, wohin dich der einzelne Schritt führt:
Nur wer weit blickt, findet sich zurecht.

Dag Hammerskjöld

Das Leben ist voll Fragen,
voll Rätsel ist die Welt.
Und Leben, das heißt suchen,
was wichtig ist und zählt,
heißt suchen nach dem Anfang
und auch nach dem Wohin
und fragen, was uns Halt gibt
in all den Fragen hin.

Helmut Zöpfl

Wem die Stunde schlägt

Wem die Stunde schlägt, für den nimmt das Leben eine entscheidende Wendung. Diese Stunde schlägt jedem einmal. Nicht erst am Ende des Lebens. Für Petrus schlägt sie in der Begegnung mit Jesus. Wie viele andere war Petrus diesem Mann nachgefolgt. Als es darauf ankam, verließen sie ihn. Da sprach Jesus zu den Jüngern, die bei ihm geblieben waren. Und ihr? Was ist mit euch? Wollt ihr auch weggehen?

Jesus unternimmt keinen Werbefeldzug, damit die Jünger zu ihm stehen. Er überrumpelt sie nicht. Er verspricht ihnen nicht das Blaue vom Himmel herunter, wie andere es tun. Er gibt seine Jünger frei. Sie können ihr Leben in die eigenen Hände nehmen. Er stellt nur eine Frage: Wollt ihr auch weggehen?

Aber Petrus antwortet ihm: Herr, wohin sollen wir gehen? Alle anderen Wege beginnen verheißungsvoll und gehen doch irgendwann ihrem Ende entgegen. Du aber hast Worte ewigen Lebens. (Joh 6,67f.)

Solange man jung ist, denkt man wenig darüber nach. Das Leben liegt vor einem wie ein offenes Land. Es will erobert und gewonnen sein. Man erlernt einen Beruf, verdient Geld, man gründet eine Familie, kauft eine Wohnung oder baut ein Haus. Es ist ein faszinierendes Gefühl, wenn das Leben dem Zugriff nachgibt.

Aber man wird auch älter. Mit 55 kann man nicht mehr wie mit 35. Eines Tage sind die Kinder nicht mehr im Haus. Die ersten Gebrechen stellen sich ein. Man fängt an, Tabletten einzunehmen. Zwar rappelt sich immer wieder auf, doch manchmal melden sich Zweifel und man fragt sich heimlich: Habe ich den richtigen Weg gewählt?

Wohin sollen wir gehen? Petrus sagt: Herr, du hast Worte des ewigen Lebens. Worte, auf die man sich einlassen kann. Keine falschen Versprechungen. Kein leeres Gerede. Er hat erfahren: Jesus tut, was er sagt. Er ist, was er sagt. Er bezeugt seine Worte durch sein Leben, das erfüllt ist von Güte, Liebe, Barmherzigkeit. Seine Worte führen in ein Leben, das Bestand hat über den Tod hinaus.

Ein jegliches hat seine Zeit,
und alles Vorhaben unter dem Himmel hat seine Stunde.

Prediger 3,1

Lass unsere Liebe ohne Wanken, / die Treue lass beständig sein.
Halt uns in Worten und Gedanken / von Zorn, Betrug und Lüge
rein. / Lass uns doch füreinander stehn, / gib Augen andrer Last
zu sehn.

EG 240,2
Walter Heinicke 1968

es war eine gute ehe
sie blieben sich treu
es war eine gute ehe
nicht das geringste geschah
es war eine gute ehe
die stark war wie stahl
es war eine gute ehe
die still war wie stein
es war eine gute ehe
nicht das geringste geschah
es war eine gute ehe
jetzt ist das gefängnis gesprengt

Kurt Marti

Einfach alles zu teilen, das Gute und das Schlechte, jeden Frust, jede
Angst, jede Freude, aber auch das Beten, das ist tausendmal besser
als jeder Sex. Wo doch viele Leute Ehe und Liebe daran messen, ob
ein Partner guten Sex hat. Wichtiger ist, dass man ein bedingungsloses
Vertrauen zueinander findet, dass man immer noch offener sein kann.
Auch dem Sex tut das übrigens gut, wenn nicht alles davon abhängt!

Wim Wenders

Sie ist fast 70, arbeitet nebenbei als Schneiderin. Gewöhnlich kommen die Kunden zu ihr und holen die geänderten Hosen und Jacken auch wieder ab. Aber Karl, 76, bringt Inge die Hose persönlich. Sie hat sich – ohne es zu wollen – Hals über Kopf in ihn verliebt. Er bittet sie herein. Sie sieht zu, wie er die Hose anprobiert. Einen Moment stehen sie, schauen sich verlegen an, dann kommen sie sich näher, küssen sich und schlafen, auf dem Teppich liegend, miteinander.

Seit sie Karl kennengelernt hat, ist Inge in einen grenzenlosen Taumel versetzt. Mit den Schmetterlingen im Bauch stellt sich das schlechte Gewissen ein. Denn Inge ist verheiratet – seit 30 Jahren. Und ihren Mann, Werner, liebt sie auch, wenn auch anders. Mit ihm schaut sie abends fern, fährt mit ihm Zug, schaut aus dem Fenster und mag es, die Landschaft vorbeifliegen zu sehen. Mit Karl geht sie tanzen, badet nackt im See und schläft gern mit ihm.

Inge ist hin- und hergerissen. Sie macht es sich nicht leicht. Sie hat Bedenken. Und doch ist sie von einer Leidenschaft ergriffen, der sie nicht widerstehen kann. Ratlos vertraut sie sich erst ihrer Tochter, schließlich auch Werner an. Der ist fassungslos, gerät außer sich. Als sie zu weinen beginnt, wird er nur noch wütender. Es folgen heftige, nicht enden wollende Streitereien.

Szenen aus dem Film „Wolke 9". Er zeigt nicht nur, dass alte Menschen ein leidenschaftliches Liebesleben haben und das Verlangen nach Sex nicht aufhört, nur weil man älter wird. Er zeigt auch, was wird, wenn Menschen Getriebene ihrer Gefühle sind und sich zu Schritten hinreißen lassen, deren Tragweite sie nicht überschauen.

Inge will noch einmal von vorn anfangen. Sie zieht zu Karl. „Vielleicht hat alles seine Zeit", gibt sie Werner beim Abschied zu verstehen, ohne zu bedenken, wie schwer diese Worte wiegen. Wenig Tage später erhält sie die Nachricht von Werners Tod. Er hatte nicht die Zeit, neu anzufangen. Und sie nicht die Zeit, aus der Welt zu schaffen, was sie angerichtet hat.

MITTEN IM LEBEN

Befiehl dem Herrn deine Wege und hoffe auf ihn.

Psalm 37,5

Ich möcht, dass einer mit mir geht,
der's Leben kennt, der mich versteht,
der mich zu allen Zeiten, / kann geleiten.
Ich möchte, dass einer mit mir geht.

Hanns Köbler 1964

Brief an die Kinder
Einen Ausspruch von Stehr habe ich unterdes gehört, den ich so schön finde. Er sagt: Sterben ist ja nur, als ob man sich auf die andere Seite legt. Das ist schön, nicht wahr? Anders ist das nicht, man legt sich eben auf die andere Seite ...
Ich bin immer bei euch,
Eure Mutter.
Nordhausen, 17.2.1944

Käthe Kollwitz

Am Ende seines Lebens war er körperlich völlig am Ende. Johny Cash. Mehr als 10 Jahre hatte er gegen schwere Krankheiten angekämpft. Er konnte kaum noch gehen und konnte kaum noch sehen. Er fühlte, dass sein Ende näher kam. Aber er war noch nicht bereit aufzugeben.

Solange es eben ging, ließ er sich im Rollstuhl sitzend in sein Studio bringen. Vor seinem Tod wollte er unbedingt die Aufnahmen für ein Gospelalbum fertig zustellen: „My Mother's song-book". Das Gesangbuch seiner Mutter. Damit er die Texte und Noten noch lesen konnte, hatten man ihm ein spezielles Gerät gebaut, das die einzelnen Buchstaben und Noten stark vergrößerte.

Obwohl er seit seiner Kindheit tief gläubig war, ist er nie ein Frömmler gewesen. Man hat deshalb diese Glaubenslieder nie für seine musikalische Stärke gehalten. Aber hier, am Ende seines Lebens, strahlt er mit seiner gebrochenen Stimme eine Frömmigkeit aus, die auch bei ungläubigen Menschen Respekt und Ehrfurcht hervorruft.

Als seine Frau starb, die er über alles liebte, wurde er gefragt, ob er nun mit Gott hadere. „Never! Never!", antwortete er grummelnd: Nie. Niemals. – Und nach einer Weile fügte er lächelnd hinzu, seine Arme seien viel zu kurz, um mit Gott zu boxen.

Zu seinem Repertoire gehörte ein Song, der in fast allen Fußballstadien der Welt zu hören ist. Ursprünglich wurde er in der Kirche gesungen, um Menschen zu trösten, die sich von Gott verlassen fühlen. Heute singen ihn Fußballfans, wenn sie ihre Stars nach einem verlorenen Match trösten wollen: „You'll never walk alone". Ihr werdet nie allein gehen.

Johnny Cash hat dabei bestimmt nicht an seine zahlreichen Fans gedacht, sondern an Gott. Im Glauben, dass er ihn im Sterben begleiten wird, ist er am 12. September 2003 in Nashville, USA, gestorben. Dieser Glaube ist sein eigentliches Vermächtnis an alle, die seinen Song hören: Wohin du auch gehst, was immer geschieht, du wirst nie allein gehen.

Es ging ein Sämann hinaus zu säen … Etliches vom Samen fiel auf den Weg und wurde von den Vögeln gefressen, etliches ging auf und verdorrte, weil es nicht genügend Erde zum Wurzeln fand, etliches ging auf und wuchs heran, wurde aber von Dornen überwuchert und erstickt. Etliches aber fiel auf gutes Land und brachte hundertfältig Frucht.

nach Matthäus 13,3–8

Ach hilf, Herr, dass wir werden gleich / dem guten, fruchtbarn Lande/
Und sein an guten Werken reich / in unserm Amt und Stande,
viel Früchte bringen in Geduld, / bewahren deiner Lehr und Huld
in feinem, guten Herzen.

EG 196,4
David Denicke 1659

Wer kärglich sät, wird kärglich ernten.

2. Korinther 9,6

Tagelang hab ich den Acker gepflügt, unzählige Furchen
Achtsam gezogen fürwahr, schnurgerad glaubt ich sie all.
Aber nun schau ich vom Hügel hinunter, da, siehe die meisten,
Leider gerieten mir krumm, wenige laufen gerad.
Ruhe, mein sorgliches Herz! Die Egge wird alles verebnen,
O, ihre Zähne sind gut, wehren dem Zahne der Zeit!
Himmel, erziehe mir du die zarten künftigen Saaten!
Einst, über Krumm und Gerad neigt sich das reifende Korn.

Hans Carossa

Dass Gott über seiner Schöpfung steht, bedeutet unter anderem, dass er sie keineswegs hervorbringen *musste*. Er tat es aus Liebe, nicht aus Notwendigkeit. Und das gilt auch für die Erschaffung des Menschen.

Terry Eagleton

172

Zeit der Ernte

Hoch türmen sich die Zuckerrüben auf den Erntewagen. Der Sommer hat es doch noch gut mit uns gemeint. In den Dörfern ringsum rüsten die Menschen zum Erntefest. Die Altäre in den Kirchen sind festlich mit Erntegaben geschmückt. Man könnte meinen, der Schöpfer habe sich an das Gedicht von Rainer Maria gehalten, als er Sommer und Herbst erschuf:

Herr, es ist Zeit, der Sommer war sehr groß.
Leg deine Schatten auf die Sonnenuhren,
und auf den Fluren lass die Winde los.

Befiel den letzten Früchten voll zu sein;
gib ihnen noch zwei südlichere Tage,
dränge sie zur Vollendung hin und jage
die letzte Süße in den schweren Wein …

Herbst – Erntezeit. Bald werden die letzten Äcker abgeerntet sein. Für den Menschen stellt sich die Frage, wie es um die Ernte seines Lebens steht. Was ist da gewachsen? Was steht da auf dem Halm?

„Was der Mensch sät, das wird er ernten", heißt's in der Bibel (Gal 6,7). Ein zwiespältiger Spruch. Seine Rechnung geht längst nicht immer glatt auf. Mancher erntet, wo er gar nicht säte; andere, die reichlich säten, stehen mit leeren Händen da.

Jesus hat eine andere Rechnung aufgemacht: Es ist nicht umsonst, was Menschen an Liebe, Anteilnahme und gutem Willen ins Leben einbringen. Es wird seine Früchte tragen. Wer an die guten und bewahrenden Kräfte des Lebens vertraut, wird in Zeiten der Dürre bestehen und Ernte einbringen zu seiner Zeit.

Mitten im Leben

Denn unser keiner lebt sich selber, und keiner stirbt sich selber.
Leben wir, so leben wir dem Herrn; sterben wir,
so sterben wir dem Herrn.
Darum: wir leben oder sterben, so sind wir des Herrn.

Römer 14,7–8

Wir sind mitten im Leben
zum Sterben bestimmt
was da steht, das wird fallen
der Herr gibt und nimmt

Wir gehören für immer
dem Herrn, der uns liebt
was soll uns auch geschehen
er nimmt und er gibt

Wir sind mitten im Sterben
zum Leben bestimmt
was da fällt, soll erstehen
er gibt, wenn er nimmt

Lothar Zenetti

Im Gedränge und der Hetze der Verstädterung haben wir verlernt, den Frieden abgeklärten Alters wahrzunehmen. Dennoch: Wer an lauen Sommerabenden gemächlich über das Land fährt, sollte im nächsten Dorf anhalten, in welchem Lande er immer sich befindet. Er wird jene zufrieden schweigend in die Ferne des Abends schauenden Alten finden, die um die Weite des Lebens und die Gefasstheit des Todes wissen, ohne viele Worte darüber zu verlieren. Vielleicht wäre es für manchen Jüngeren heilsam, eine Weile stumm daneben zu sitzen und zu begreifen, dass sein eigenes Leben eines Tages an dem gleichen Punkt ankommt, an dem er sich dann dieses Augenblickes vielleicht dankbar erinnern wird.

Tobias Brocher

„Was hat Sie denn hierher gebracht?", hatte der Pastor etwas vorschnell beim Betreten des Krankenzimmers gefragt. „Thrombose", hat sie geantwortet, „ich habe eine Thrombose." Das war nicht ungefährlich für ihr Alter. Sie erzählte, wie alles gekommen war: die Beschwerden beim Gehen, die plötzlichen Schmerzen, ein verräterischer Bluterguss.

Unverblümt kam sie auf ihre Beerdigung zu sprechen: „Ich möchte, dass Sie über meinen Konfirmationsspruch predigen bei der Trauerfeier." Sie griff nach der Bibel, die geöffnet auf dem Nachttisch lag und zeigte dem Seelsorger die Stelle. „Meinen Sie, dass das schon nötig ist?", fragte der Pfarrer. „Wann sonst, wenn nicht jetzt. Hinterher ist es zu spät." Sie sagte es mit einem fast heiteren Lächeln im Gesicht.

Dass sie darüber so offen sprechen mochte? Hatte sie keine Angst vor dem Sterben? Als habe sie seine Gedanken erraten, antwortete sie: „Es hat keinen Zweck, darum herumzureden. Ich weiß, wie es um mich steht. Das zu leugnen, würde alles nur noch schlimmer machen. Ich will nicht, dass die Krankheit stärker ist als ich. Wie es weiter geht, liegt in Gottes Hand."

Wie sie das so sagte, sprach nicht nur die alte Krankenschwester aus ihr. Der Pastor musste sich nicht um sie sorgen. Sie beteten miteinander. Dann verabschiedete er sich. Anders als sonst. Sie hatte ihren Glauben ins Spiel gebracht. Das hatte die Situation verändert. Das Gefüge der Welt hatte einen Riss bekommen und den Blick freigegeben auf eine andere Wirklichkeit.

Man kann das nicht erzwingen. Keine noch so inbrünstige Frömmigkeit zwingt das herbei. Aber manchmal geschieht's, dass eine Erfahrung zur Gewissheit wird – was nichts anderes als Glaube ist.

Der Besuch im Krankenhaus liegt eine ganze Weile zurück. Zu Ostern wurde die Frau entlassen. Sie erfreut sich inzwischen wieder bester Gesundheit. Sie fühlt sich wie neugeboren trotz ihres Alters. Er freut sich jedes Mal, wenn er sie sieht. Für ihn passt das gut zusammen – die Entlassung zu Ostern und ihr Glaube.

Jesus spricht zu ihm: Stehe auf, nimm dein Bett und gehe hin! Und als bald ward der Mensch gesund und nahm sein Bett und ging hin.

Johannes 5,8–9

Aus der Not
eine Tugend machen ...
O sende, Herr, uns eine Not, wir bitten dich, erhöre uns,
damit wir eine Tugend daraus machen.
Seht euch nur um, so spricht der Herr:
An Not ist wohl kein Mangel, sie wäre, mein' ich, eurer Tugend wert.

Lothar Zenetti

Willst du gesund werden,
oder willst du weiterhin fiebern
nach Geld, nach Einfluss, nach Macht,
nach Besitz, nach Vergnügen, nach Lust?
Willst du selbständig werden,
oder willst du weiterhin abhängig bleiben
von deiner Erziehung, von deinen Wünschen,
von deinen Trieben, von der Meinung der Nachbarn,
von deiner Zeitung, von deiner Partei?
Willst du gesund werden?
Dann steh auf,
nimm deine Matte und geh!

Josef Dirnbeck / Martin Gutl

38 Jahre ist er schon gelähmt und dann kommt Jesus und fragt ihn: „Willst du gesund werden?" Natürlich will er. Aber wie soll er rechtzeitig in den Teich kommen, in dem man gesund wird, wenn das Wasser sich bewegt? Resigniert gibt er Jesus zu verstehen: „Herr, ich habe keinen Menschen. Bis ich ins Wasser komme, ist längst ein anderer drin."

So einem kann man nicht helfen, einem, der alle Hoffnung aufgegeben hat. Aber Jesus lässt sich nicht beirren. „Steh auf", fordert er von ihm, „nimm dein Bett und geh!" Was für eine Zumutung! Und doch – so heißt es in der Bibel – ward der Mensch alsbald gesund, nahm sein Bett und ging.

Man möchte nicht glauben, dass so etwas möglich ist, wüsste man nicht um den wundersamen Zusammenhang von seelischer und körperlicher Befindlichkeit. Es gibt Lähmungen, die nicht körperlich, sondern seelisch verursacht sind. Wir kennen das: Wenn Angst uns ergreift, dann sind wir wie gelähmt. Dann ist man völlig blockiert.

Ähnlich mag es dem Gelähmten ergangen sein. Und wie ihm geht es vielen Menschen. Damals wie heute sind viele allein, haben keine Hoffnung, kein Vertrauen, sind gelähmt. Menschen, die aufgegeben haben und einfach liegen bleiben.

Das Wunder der Heilung am Teich Bethesda geschieht, weil Jesus sieht, wie es dem Gelähmten ergeht. Er bleibt bei ihm stehen. Er geht auf ihn ein. Und indem er erkennt, in welcher Verfassung sich der Mensch befindet, mutet er ihm zu:„Nimm dein Bett, steh auf und geh."

Zumutung hat mit Ermutigung und Zutrauen zu tun. „Hilfe zur Selbsthilfe", lautet das Motto der Diakonie. Sie setzt darauf, dass dies der beste Weg ist, Menschen zu helfen. Sie mutet behinderten Menschen zu, ihr Schicksal selber in die Hand zunehmen. Ohne entsprechende Unterstützung geht es nicht. Wir dürfen sie einander nicht vorenthalten. Keiner ist vollkommen. Das Schlimmste, was uns passieren kann. ist, einander nichts mehr zuzumuten und zuzutrauen.

Stichworte von A bis Z

Abhängigkeit   47
Abneigung   53
Abtreibung   **77**
Achtung   79
Aids   **153**
Alkoholismus   **47**
Almosen   53, 125
Alter   **13**, 17, **31**, **41**, **79**, **83**, **103**, **161**, **169**

Amoklauf   **27**
Angst   71, **115**, **165**
Apokalypse   **155**
Arbeit   13, 65
Armut   45, **53**
Asyl   95
Auferstehung   155, **175**
Aufmerksamkeit   **127**
Aufopferung   123
Ausbildung   35, **43**
Ausgrenzung   **49**

Bedrohung   33
Beerdigung   **73**
Beherbergen   69
Behinderung   **49**, **111**, **117**, 127, 139
Beichte   151
Beistand   **63**
Belohnung   85
Benachteiligung   **35**
Beruf   43
Bescheidenheit   **137**
Besitz   39
Bestimmung   **111**
Beten, Gebet   **87**, **107**, 143, 159, **163**
Betteln   **53**
Bibel   **67**, **159**
Bildung   **35**
Bleibe   143

Böse, das	**27**
Brücke	**37**, 49
Buße	**133**
Chaos	71
Christus	**105**
Computerspiele	27
Contergan	**37**, 49
Dank, Dankbarkeit	**43**, 81
Dasein	**65**
Down-Syndrom	**117**
Ebenbildlichkeit	**117**
Ehe	**17**, 19, **169**
Ehre(n)	**79**
Ehrfurcht	23
Elend	29
Engel	151
Entscheidung	167
Erbarmen	**113**
Erfahrung	**71**
Erfolg	65
Erfüllung	**17**, 39, 83, **173**
Erkenntnis	157
Ermutigung	177
Ewigkeit	73
Flügel	131
Freiwilliges soziales Jahr	**51**
Fremdenhass	**69**
Freude	**75, 147**
Fröhlichkeit	139
Frömmigkeit	**171**
Führung	91, 159
Fürsorge	**41**, 161
Geborgenheit	**71**, 131

Gebot, das vierte	**41, 79, 161**
Geduld	15
Geld	45
Generationen	**41, 79, 93, 161**
Genesung	159
Gerechtigkeit	**29**
Gericht	**121, 155**
Gewaltphantasien	27
Gewalttaten	27
Gewalttätigkeit	**61**, 69
Glaube(n)	67, **91, 97, 99, 101**, 157, **175**
Glaubwürdigkeit	55
Glück	**45, 75,** 77
Gott	67, **87**, 115, **119, 145,** 159, 175
Gottvertrauen	**91**
Größe	**49**
Güte	19
Halt	25
Hand, Hände	**19**
Hass	37, 133
Heiliger Krieg	**129**
Heilung	97, 125, 127, 177
Heimsuchung	**145**
Herberge	**57**
Herbst	173
Hilfe, helfen	47, **59**, 87, 153
Himmel	**99**
Hoffnung	**89**
Hoffnungslosigkeit	**29**
Hospiz	**141**
Illusion	**89**
Installation	157
Jenseits	**99**
Jesus	**167**
Jugendliche	35

Jung und Alt	43, **93**
Kind, Kinder	**85, 129**
Kirche	127
Klagen	153
Konfliktberatung	**77**
Konsum	**45**
Kraft	**143**
Krankheit	97, 125, 143, 153, 159
Krieg	**95**
Lähmung	111, 165, 177
Leben	17, **25**, 33, **65, 173**, 175
Leben, ewiges	167
Lebensaufgabe	57
Lebensfreude	**39, 103, 123**
Lebensrecht	109
Lebensweise	19, 45, 115, 169
Lebensweisheit	**15, 81, 83, 93**, 111
Lebenswille	**21**
Leid(en)	21, **123**, 143, 149
Leidenschaft	**169**
Leistung	**65**, 117, 139, **147**
Licht	137
Liebe	17, 21, **169**
Lüge	**89**
Lust	103
Luther	105, 107, 109
Menschenbild	121
Menschheit	**155**
Menschlichkeit	69
Menschsein	**19, 49**, 79
Missetat	145
Miteinander	93
Mitgeschöpfe	**109**
Mitgeschöpflichkeit	**23, 149**
Mitleid	**97, 113**

Musik   103
Mutter   **119**

Nachfolge   **133**
Nachgeben   135
Nächstenliebe   **51, 69**, 113, **137, 153**
Nähe   **97**, 117, 151

Obdachlosigkeit   **57**
Ohnmacht   **63**
Opfer   37, 129
Ostern   175

Paradies   99
Pflege   **31**
Protest   **143**

Qualen   149

Rechtfertigung   **121**
Reichtum   **39**
Religion   **129**
Resignation   143
Resignieren   15
Ruhe   101
Ruhestand   **13**

Saat   173
Sanftmut   **19**
Schätze sammeln   **39**
Scheitern   15
Schicksal   **21**, 63, **95**, 111
Schmerz   119
Schmerzen   125, 155
Schöpfung   **109, 149**
Schuld   63, 95, **133**, 151
Schulden   45
Schutz   69, **131**

Schwangerschaft   77
Seelsorge   77, **163**
Segen   **83**
Selbstachtung   **127**
Selbstverständlichkeit   59
Sexualität   **169**
Silvester   137
Sinn   **65**
Sinn des Lebens   **13**
Sinnlosigkeit   **29**
Special Olympics   **139**
Sport   117, **147**
Stellvertretung   163
Sterbehilfe   113
Sterben   **105, 141**, 175
Streit   **135**
Sucht   **47**
Sünde   113, **145**

Terrorismus   129
Tierschutz   23, **149**
Tod   33, **63, 73**, 83, 99, 105, 141
Trauer   113, 123, **151**
Traum, Träume   **29**, 165
Treue   17
Trost, trösten   67, **119, 153**, 171

Unbekümmertheit   **139**
Ungewissheit   99
Unheil   107
Urvertrauen   **71**

Vater, Väter   **41, 145**
Verachtung   53, 133
Verantwortung   13, 149
Verbrechen   145
Vergänglichkeit   **33, 73**, 169
Vergebung   151

Versöhnung	151
Verständigung	37, 135
Verständnis	63, 151
Versuchung	**85**
Vertrauen	15, 25, **59, 61**, 125
Verzweiflung	63, 133
Vorbild	41
Wachsen	173
Wagnis	**25**
Wahrhaftigkeit	**55**
Wahrnehmung	**157**
Weinen	153
Weltgericht	155
Wettkampf	147
Wiedergeburt	155
Willkür	**23**
Wirklichkeit	**157**, 175
Wohltat	83
Worte	67, **167**
Wunden	**125**
Wunder	**177**
Würde	**31**, 127, 141
Zensuren	65
Zuflucht	57, **131**
Zuhause	35
Zuhören	163
Zumutung	**177**
Zusammenleben	161
Zuspruch	171
Zutrauen	177
Zuverlässigkeit	**55**
Zuversicht	**87, 101**, 107
Zuwendung	31, 141

Das Alte Testament

1 Mose	Seite	Psalm	Seite
2,15	22, 108	116,3	32
2 Mose		119,105	166
3,14	62	130,7b	66
20,5b	144	Prediger	
20,12	160	3,1	168
22,20	68	3,1+4	146
3 Mose			3,1+8b
19,32	78	4,9–10	20
1 Samuel		Sprüche	
16,7c	116	17,6	92
Psalm		Jesaja	
18,20	158	46,4	16
23,1	70	53,4b–5	154
23,4	114	54,7	67
31,4	100, 110	66,13	118
37,5	170	Jeremia	
42,2	142	17,14	120
42,6	140	17,7–8	88
68,20	12	30,12.17	156
71,9	30	Hesekiel	
73,23	24	36,26	94
90,12	92	Hosea	
90,17	18	6,1	124
91,4	130	Jesus Sirach	
91,11–12	90, 150	30,23	102
92,13–16	82		
103,1–2	42, 80		
111,1–2	76		

Das Neue Testament

Matthäus	Seite
4,26–29	14
5,3	138
5,14–16	48, 136
6,19–21	38
6,25	44
7,7–8	58
7,12	54
9,13	128
11,28	56
13,3–8	172
18,6	84
25,36b	50
25,45	52
26,41	106
Markus	
1,40–42	96
4,26–29	14
10,15	100
Lukas	
15,10	74
18,1	87
Johannes	
5,8–9	176
6,67–69	167
8,32	46
12,25	132
14,19b	122
Apostelgeschichte	
3,6	126
Römer	
3,28	64, 120
7,19	26

Römer	Seite
8,19–21	148
8,26b	86
12,17	40
14,7–8	174
1 Korinther	
4,9–10	154
9,25	50
13,9–12	156
15,55	164
2 Korinther	
1,3–4	152
4,6	104
5,10	120
5,18	36
9,6	172
Kolosser	
3,12–13	62
Galater	
6,7	172
1 Thessalonicher	
5,14b	34
1 Petrus	
4,10	162
1 Johannes	
4,16b–18	112
Hebräer	
10,35	60
11,1	98
Offenbarung	
3,5	72
21,1.3–5	28

Quellen

34, 68   **Armbrüster, Annette und Wolfgang**

46, 70   **Ausländer, Rose**: *Angst II (Ich habe Angst/vor mir/...)*, und *Honigkuchen*. **Aus**: dies., Ich höre das Herz des Oleanders. Gedichte 1977–1979. © S.Fischer Verlag GmbH, Frankfurt/M. 1984

70, 92   **Baltruweit, Fritz**: In: *Vertrauen wagen*. tvd-Verlag Düsseldorf; und in: *Wenn dein Kind dich morgen fragt*. tvd-Verlag Düsseldorf

42, 84   **Barth, Friedrich Karl**: mit Peter Horst „*Kind bist du uns anvertraut*" © Strube Verlag, München-Berlin

138   **Bartsch, Kurt**: *zugluft. gedichte, sprüche, parodien*. Aufbau-Verlag, Berlin/Weimar 1968

74   **Bastian, Klaus**

12, 82   **de Beauvoir, Simone**: „*Das Alter*". Deutsche Übersetzung von Anjuta Aigner-Dünnwald u. Ruth Henry. Copyright © 1972 by Rowohlt Verlag GmbH, Reinbek bei Hamburg

40   **Beier, Peter**: in: *Die Zehn Gebote. Predigten, Auslegungen. Erzählungen*. Hrsg. von Horst Nitsche. Gütersloher Verlagshaus Mohn, Gütersloh: 1984

100   **Berger, Peter L.**: *Der eine Gott, an den wir glauben*. In: Sehnsucht nach Sinn. Glauben in einer Zeit der Leichtgläubigkeit. Campus Verlag, Frankfurt/New York 1994. © 1992 by Peter L. Berger. Originaltitel: A Far Glory. New York: Free Press, 1992

122   **Berkensträter, Bert**: *Zungenschläge, Aphorismen*. © Wolfgang Fietkau Verlag, Kleinmachnow

22, 72, 94   **Block, Detlev**: in: *In deinen Schutz genommen*, © Vandenhoeck & Ruprecht, Göttingen 2001

142   **Blumhardt, Christoph**: *Die Resignation*. Aus: Kurt Marti, Leichenreden © 2001 Nagel & Kimche im Carl Hanser Verlag, München

124   **Bohren, Rudolf**: *Klage eines chronisch Kranken*. Aus: Die Blumen des Blinden. Hrsg. von L. Graf u.a. Chr. Kaiser Verlag, München 1989. © Bohren, Rudolf, Heimatkunst. München 1989.

18   **Bollnow, Otto F.**: *Die Tugend der Geduld*

62, 88   **Bonhoeffer, Dietrich**: aus: Widerstand und Ergebung © 1998, Gütersloher Verlagshaus, Gütersloh, in der Verlagsgruppe Random House GmbH

163   **Bosman, Phil**: *Vergiss die Freude nicht*, S. 59, © Verlag Herder GmbH, Freiburg i. Breisgau, 2007

174   **Brocher, Tobias**: *Stufen des Lebens. Eine Bibliothek zu Fragen unseres Daseins*, Bd. 1. Hg. H. J. Schulz, Kreuz Verlag, Stuttgart 1977

18, 50   **Brücken, Eckart**: *Behutsam will ich dir begegnen*. tvd-Verlag Düsseldorf. Und : EG Nr. 613, 1. Strophe; © Strube Verlag, München

14   **Bürgel, Bruno H.**: in: *Ja zu jedem Tag. Biblische Texte, Gebete und Betrachtungen*. Hg. von Feige, Joachim/Spennhoff, Renate. Schriftenmission Gladbeck/Verlag Kath. Bibelwerk GmbH, Stuttgart ⁵1982

18   **Camara, Don Helder**: *Mach aus mir einen Regenbogen*. © 1981 Pendo Verlag in der Piper Verlag GmbH, München und Zürich

189

126   **Campenhausen, Hans von**: *Theologenspieß und -spaß*. GTB Siebenstern 172

46, 162   **Carl, Heidi**: *Hilf uns Gott*. Echter Verlag, Würzburg. Und aus: *Ja zu jedem Tag. Biblische Texte, Gebete und Betrachtungen*. Hsrg. Von Joachim Feige/Renate Spennhoff. Schriftenmission Gladbeck/Verlag Kath. Bibelwerk GmbH, Stuttgart. [5]1982

172   **Carossa, Hans**: *Tagelang habe ich den Acker gepflügt*. Aus: Albrecht Goes, Freude am Gedicht. S. Fischer Verlag, Frankfurt/M. 1952

112   **Clasen, Matthias**: *Ritterhude, EG 601*. © Clasen, Matthias

144   **Dawkins, Richard**: *Der Gotteswahn*,© Ullstein Buchverlage GmbH, Berlin 2007

172   **Denicke, David**: in *EG Nr. 196*, 4. Strophe

110, 176   **Dirnbeck, Josef/ Gutl, Martin**: *Ja zu jedem Tag. Biblische Texte, Gebete und Betrachtungen*. Hrsg. von Joachim Feige/Renate Spennhoff, Schriftenmissions-Verlag, Gladbeck/Verlag Kath. Bibelwerk GmbH, Stuttgart [2]1982

130, 144   **Drewermann, Eugen**: *Strukturen des Bösen, Teil 2. Die Jahwistische Urgeschichte in psychoanalytischer Sicht*. Ferdinand Schöningh, Paderborn, München, Wien, Zürich 1984[5]

44, 50, 56, 64, 116, 172   **Eagleton, Terry**: alle in: *Der Sinn des Lebens*,© Ullstein Buchverlage GmbH,Berlin

26, 28, 152 **Eckert, Eugen**: *Lieder zur Ökumenischen Dekade. Gewalt überwinden in der Ev.-luth. Landeskirche Hannovers*. © Lahn-Verlag GmbH, Kevelaer, www.lahn-verlag.de. Und: *Bewahre uns Gott*, in: EG 171, Str. 2 und 3; © Strube Verlag München

152   **Einstein, Carl**: aus: Kurt Marti, *Leichenreden* © 2001 Nagel & Kimche im Carl Hanser Verlag, München

44   **Etzioni, Amitai**: *Eine florierende Gesellschaft*. FAZ. 29. August 2009 Nr. 200

70   **Fraas, H. J.**: *Religiöse Erziehung und Sozialisation im Kindesalter*, Göttingen 1973

32, 160   **Frisch, Max**: *Tagebuch 1946–1949*. © Suhrkamp Verlag Frankfurt am Main 1963. Und: *Tagebuch 1966–1971*. © Suhrkamp Verlag Frankfurt am Main 1972.

14, 166   **Hammerskjöld, Dag**: *Zeichen am Weg*. Droemer Knaur Verlag, München 1965

168   **Heinicke, Walter**: In: *EG Nr. 240*, 2. Strophe, © Rechtsnachfolger unbekannt

96, 154   **Henkys, Jürgen**: in: *EG Nr. 97*, 1. Strophe; und in: *EG Nr. 383*, 1. Strophe; Rechte: Strube Verlag, München-Berlin

166   **Hertzsch, Klaus Peter**: EG 395, © Klaus-Peter Hertzsch

148   **Hüsch, Hanns Dieter**: *Das Schwere leicht gesagt*. © tvd-Verlag Düsseldorf

66   **Jentsch, Martin**: in *EG Nr. 418*, 1. Strophe. © Verlag Merseburger, Kassel www.merseburger.de

50   **Kästner, Erich**: Quelle unbekannt

158   **Knerr, Anton**: *33 Gebete. Vielleicht können Sie so beten*. Süddeutsche Verlagsgesellschaft, Ulm 1975

170   **Köbler, Hanns**: *Ich möcht, dass einer mit mir geht*, Aus: Du, lass dich nicht verhärten. Ein Liederbuch für Jugend und Gemeinde. Hrsg. von Wolfgang Gerts und Tina Wolf-Egger. Gütersloher Verlagshaus Gerd Mohn, Gütersloh 1988

170   **Kollwitz, Käthe**: *Brief an die Kinder*. Aus: Literarische Auslese. Texte für jeden Tag des Jahres. Hrsg. von Wolfgang Erk. Radius-Verlag, [2]Stuttgart

134 **Kuhn, Johannes**: in: *EG Nr. 618*, 3. Strophe; © Carus Verlag, Stuttgart

12 **Lang, Bernhard**: *Ich male in den Staub des Werktags ...* Aus: Wege entdecken. Biblische Texte, Gebete und Betrachtungen. Hrsg. von Joachim Feige/Renbate Spennhoff, Schriftenmissions-Verlag, Gladbeck/Verlag Kath. Bibelwerk GmbH, Stuttgart ²1982

114 **Lipps, Michael**: *Zwischen den Zeiten II*. Rastatt 1984. S. 35

156 **Malerba, Luigi aus**: „*Ein schielendes Huhn...*". Die nachdenklichen Hühner (S. 14). © Verlag Klaus Wagenbach, Berlin 1984, NA 1995

48 **Mandela, Nelson**: Herkunft unbekannt

52, 64, 72, 98, 118, 122, 126, 138, 146, 154, 162, 168 **Marti, Kurt**: in: *EG Nr. 153*; Rechte: Strube Verlag, München-Berlin. Und in: *Zärtlichkeit und Schmerz* © Kurt Marti. Und in: *Leichenreden* © 2001 Nagel & Kimche im Carl Hanser Verlag, München

80 **Meister Eckehart**: *Deutsche Predigten und Traktate*. Hrsg. Von Josef Quint. Carl Hanser Verlag München, 1985

164 **Merton, Thomas**: *Der Mann und sein Schatten*. aus: Jakobi, Paul: Damit die Saat aufgeht. Erzählungen, Märchen und Gedichte, aufgeschlossen für Gespräch in Schule, Gemeinde und Jugendarbeit Matthias-Grünewald-Verlag, Mainz ²1986

86 **Mörike, Eduard**: *Gedichte*. Leipzig 1897

12, 58, 60 **Netz, Hans Jürgen**: in *EG, Nr. 585*, 2. Strophe; und in *EG, Nr. 604*, 1. Strophe; © tvd-Verlag, Düsseldorf

66 **Newman, Paul**: *Gott schaut dich*. Herkunft unbekannt. Aus: Loccumer Brevier. Hrsg.: Loccume Arbeitskreis für Meditation in Verbindung mit der Evangelischen Akademie Loccum. Claudius Verlag München ³1993

50 **Pausewang, Gudrun**: *Was ich dir noch sagen wollte*. Quell Verlag, Stuttgart 1996. S. 36

76 **Peikert-Flaspöhler, Christa**: *Heute singe ich ein anderes Lied*. Frauen brechen ihr Schweigen. Rex Verlag, Luzern/Stuttgart 1992

30, 82, 102 **Pincus, Lily**: *Das hohe Alter*. Stufen des Lebens. Eine Bibliothek zu den Fragen unseres Daseins, Bd.9. Hrsg. von Hans Jürgen Schultz. Kreuz Verlag Stuttgart, Berlin 1982

46 **Puchta, Erich**: *Ein Mensch hat es bei sich bedacht*. Aus: Für jeden neuen Tag. Gedanken – Geschichten – Gebete. Heft 26

102 **Rilke, Rainer M.**: *Briefe aus den Jahren 1902–1905*. © Insel Verlag Frankfurt am Main und Leipzig 1929

36 **Rommel, Kurt**: in *EG Nr. 612*, 1. Strophe © by Gustav Bosse Verlag, Kassel

122 **Roth, Eugen**: *Mensch und Unmensch*. Carl Hanser Verlag, München 1966

136 **Sander, Ulrich**: *Stimmen vor Tag*. Hg. von Kurt Marti. Verlag Castrum Peregrini Presse H. 53, Amsterdam. Siebenstern – TB. 49, Hamburg 1965

134 **Scholz, Wilhelm von**: *Das Buch des Lachens*. Wilhelm Goldmann Verlag, München. Aus: Die Blumen des Blinden. Kurze Geschichten zum Nachdenken. Hrsg. von Lore Graf/Ulrich Kabitz/Martin Lienhard/Reinhard Pertsch. Chr. Kaiser Verlag, München 1983

38 **Schopenhauer, Arthur**: *Die Welt als Wille und Vorstellung*, Band 2. © Arbeitsgemeinschaft Cotta-Insel Stuttgart/Frankfurt am Main 1960

108   **Schulz, Walter**: in: *EG Nr. 409*, 2. Strophe; Rechte: Strube Verlag, München-Berlin

138   **Segerer, Alois**, in: *Bundes Deutsch.* Lyrik zur Sache Grammatik. Hg. von Rudolf Otto Wiemer. Peter Hammer Verlag, Wuppertal 1974

48, 136   **Siebald, Manfred**: in *EG Nr. 603*, 2. Strophe; Ins Wasser fällt ein Stein,Originaltitel: Pass it on, Text & Musik: Kurt Kaiser, Dt. Text: Manfred Siebald, © 1969 Bud John Songs, Für D,A,CH: Small Stone Media Germany GmbH, Köln

32   **Skinnern, Christine**, in: Kurt Marti, *Leichenreden* © 2001 Nagel & Kimche im Carl Hanser Verlag, München

40   **Sonderhoff, Susanne**: *Wenn dein Kind dich morgen fragt* © bei der Autorin, Selbstverlag

28, 86, 88   **Steffensky, Fulbert**: mit Genehmigung des Radius-Verlags entnommen aus: Fulbert Steffensky: *Wo der Glaube wohnen kann* © 2008 by Radius-Verlag, Alexanderstr. 162, 70180 Stuttgart; Fulbert Steffensky, *Das Haus, das die Träume verwaltet*, Echter Verlag Würzburg 10. Auflage 2009

82, 142   **Trautwein, Dieter**: in *EG 170*, 2. Strophe; Rechte: Strube Verlag, München-Berlin

92   **Tucholsky, Kurt**: *Ein alter Mann ist stets ein fremder Mann.* Gesammelte Werke, Bd. II/S. 1351. Rowohlt Verlag, Reinbek 1960

56   **Weil, Simone**: *Im Baum der Wahrheit.* Verlag Neue Stadt, München 2000 Seitenzahl. Aus: Für jeden neuen Tag. Gedanken – Geschichten – Gebete. Heft

168   **Wenders, Wim**, aus: *Fragen an das Leben*, chrismon, 12.2008

94, 114, 150   **Wiemer, Rudolf Otto**: *Beispiele zur deutschen Grammatik.* Gedichte. © Wolfgang Fietkau Verlag, Kleinmachnow; und: *Es müssen nicht Männer mit Flügeln sein*, Quell Verlag, Stuttgart 1987, sowie: Angst. Aus: Jörg Zink: Dem Herzen nahe. Verlag am Eschbach der Schwabenverlag AG, Eschbach 2002 © beide Texte: Rudolf Otto Wiemer Erben, Hildesheim

20   **Willms, Wilhelm**: *Einer bleibt beim andern stehn.* Aus: Mein Liederbuch für heute und morgen. Notenausgabe. tvd 81001. © tvd-Verlag Düsseldorf

104   **Wohmann, Gabriele**: *Psalm 90,2.* In: Literarische Auslese, Texte für jeden Tag des Jahres. Hrsg. Von Wolfgang Erk, Radius Verlag, Stuttgart 2002²

36   **Wolf, Kurt**: *Ohne Wenn und Aber.* Texte. Neukirchener Verlag, Neuenkirchen 1975

58, 174, 176   **Zenetti, Lothar**: „*Wir sind mitten im Leben*" und „*Aus der Not*", aus: Schalom Ökumenisches Liederbuch von Lothar Zenetti. Burckhardthaus/Jünger-Medien. Und: *Manchmal leben wir schon.* Verlag J. Pfeiffer, München 1981

90   **Zippert, Christian**: *Gottesdienstbuch.* Hg. von Christian Zippert. Gütersloher Verlagshaus, Gütersloh ³1995

166   **Zöpfl, Helmut**: *Zeit für Herzlichkeit.* © 1993 F.A. Herbig Verlagsbuchhandlung GmbH, München